동굴 속의 코끼리 나라
혜초

역사를 바꾼 인물 · 인물을 키운 역사

동굴 속의 코끼리 나라
혜초

역사 · 인물 편찬 위원회 엮음

역사디딤돌

머리말

 혜초는 신라 성덕왕 3년인 704년에 태어났다. 신라가 삼한을 통일하고 30년이 지난 후였으며, 나라는 점차 안정을 되찾고 있었다. 정치가 안정되고 농업, 상업, 수공업이 발달하여 번영을 누렸다.
 그만큼 불교가 성했고, 뛰어난 승려가 많이 나왔다. 승려들의 큰 꿈은 당나라로 건너가 더 많은 불교 공부를 하고, 석가모니의 발자취를 더듬어 보는 것이었다. 혜초도 그 중 한 명이었다. 혜초는 불경을 읽으며 편안하게 지내는 것을 포기하고, 멀리 인도와 중앙아시아 땅을 두루 살피기 위해 험난한 여행 길에 나섰다. 인도가 어디에 붙어 있는지도 확

실히 모르면서 중앙아시아 땅까지 여행하기란 참으로 어렵고 힘든 일이었다.

하늘을 찌를 듯이 산이 솟아 있고, 가도 가도 끝이 없는 모래 사막은 죽음의 벌판이었지만, 혜초는 그 길을 끝까지 여행하며 여정(旅程)을 낱낱이 기록해 두었다. 이것이 바로 유명한 『왕오천축국전(往五天竺國傳)』이다.

723년에 돛단배를 타고 당나라를 떠난 혜초는 동남아시아를 거쳐 725년에야 인도에 도착했다. 그리고 갖은 고생 끝에 녹야원, 쿠시나가라 등 불교 성지와 유적지들을 두루 돌아보았다. 그리고 험준하기 이를 데 없는 파미르 고원을 넘어 다시 당나라로 돌아온 때는 729년이었다. 당나라를 떠날 때에는 해로를 이용하고, 돌아올 때에는 육로를 이용했던 것이다.

그 뒤에 혜초는 스승인 금강지를 도와, 장안 천복사에서 『대승유가 금강성해 만주실리 천비천발 대교왕경(大乘瑜伽金剛性海曼珠室利千臂天鉢大敎王經)』이라는 밀교 경전을 연구했다. 그리고 740년에는 이 경전을 한문으로 옮기는 작업에 착수했지만, 불행하게도 금강지가 세상을 뜨는 바람에 그 거대한 작업을 포기하고 말았다.

그 뒤에 금강지의 뒤를 이은 사람은 불공이었고, 혜초는 불공에게서 불교 경전에 대한 가르침을 받아 6대 제자 중 한 사람이 되었다. 그러나 애석하게도 혜초는 고향인 신라로 끝내 돌아오지 못하고, 당나라의 우타이 산(五大山) 건원 보리사에서 숨을 거두었다.

혜초는 분명히 위대한 한국인이고, 선구적인 세계인이었다. 또한 동양에서 가장 뛰어난 여행가였다. 동양에서 혜초에 앞서 육로를 통해 인도까지 일주한 사람은 한 명도 없었다. 그뿐 아니라 아시아 대륙의 서단까지 다녀와 견문록을 남긴 인물도 없었다. 혜초의 『왕오천축국전』은 우리 나라에 현존하는 것 중 가장 오래된 서책으로, 국보급 진서이자 뛰어난 고전이다. 더러는 혜초의 『왕오천축국전』을 세계 4대 여행기 중 하나로 꼽기도 한다. 하지만 우리 불후의 고

전인『왕오천축국전』은 100년 넘게 프랑스 박물관에 보관되어 있다. 현재 남아 있는『왕오천축국전』이 간추린 것인지 아니면 원본을 베껴 쓴 것인지, 혹은 원래의 글인지에 대한 문제는 아직껏 논란의 대상이 되고 있다. 하지만 분명한 것은 1,200년 전에 쓰인 여행기라는 사실이다. 겨우 6천 자 남짓한 글로 40여 개 나라와 지역의 견문을 두루 적다 보니 내용이 꼼꼼하지 못하고 간단할 수밖에 없지만, 혜초가 남긴『왕오천축국전』은 그 당시 인도와 중앙아시아 지방의 정치와 사회, 풍습 등을 아는 데 더없이 귀중한 자료가 되고 있다.

동굴 속의 코끼리 나라 혜초

차

례

당나라와 신라의 관계…12

승려가 된 혜초…24

금강지의 제자가 된 혜초…39

천축국을 향하여!…59

코끼리가 지키는 나라…80

오천축국을 위협하는 마호메트…98

가까워지는 당나라…116

다시 돌아온 당나라 땅…138

동굴 속의 코끼리 나라
-혜초-
인도 기행문 『왕오천축국전』을 남긴 신라의 승려

(704~787)

혜초는 불교를 더 깊이 연구하기 위해 719년(성덕왕 18)에 당나라로 건너갔다. 이 때 혜초는 당나라에 와 있던 인도의 승려 금강지로부터 불교를 자세히 배웠다. 금강지는 혜초에게 불교의 성지인 인도 순례를 권유했고, 혜초는 그 권유대로 723년에 당나라를 떠나 다섯 천축국(인도) 순례의 길에 올랐다. 725년에 인도에 도착한 혜초는 석가모니가 불교의 이치를 깨달은 부다가야를 비롯하여 그 깨달음을 처음으로 설교한 녹야원, 석가모니가 세상을 떠난 쿠시나가라 등 불교의 성지와 유적지를 두루 돌아보았다. 혜초는 5년 동안 황량한 사막과 뜨거운 열대 지방을 두루 거치며 10만 리 길을 걸어 여행하면서 인도와 동남아시아, 중앙아시아 여러 나라의 사회생활, 자연 환경, 풍습, 문화, 역사 등을 꼼꼼하게 기록했다. 그 뒤에 당나라로 돌아와 장안 천복사에서 금강지와 함께 『대승유가금강성해 만주실리 천비천발 대교왕경』이라는 불교(밀교)의 경전을 연구했다. 이 연구는 금강지의 죽음으로 중단되었지만, 혜초는 금강지의 뒤를 이은 불공에게서 불교 경전에 대한 가르침을 받고서 그의 6대 제자 가운데 한 사람이 되었다.
1908년, 혜초의 인도 기행문인 『왕오천축국전』은 프랑스의 동양학자인 펠리오에 의해 중국 돈황에서 발견되었다.
이 기행기는 고대 동양 연구에 귀중한 자료로 평가되고 있다.

당나라와 신라의 관계

 신라 제31대 신문왕은 태자 시절에 김흠돌의 딸을 태자비로 맞이했다. 김흠돌은 김유신과 문명태후(김유신의 누이)의 조카로서, 가야계 세력은 물론이고 화랑도를 좌지우지하고 있었다. 문무왕은 가야파를 다독이기 위해 김흠돌의 딸을 며느리로 삼았지만, 태자인 정명은 김흠돌의 딸을 좋아하지 않았다. 정명이 사랑한 사람은 일길찬 김흠운의 딸이었다. 그녀는 원래 정명의 형인 소명태자와 정혼한 사이였지만, 결혼을 앞두고 소명태자가 죽자 스스로 소명태자의 제주(祭主)가 되어 '소명궁'으로 불렸다.
 그러나 정명은 소명궁을 자주 찾았고, 두 사람 사이에서 아들(훗날 효소왕)이 태어났다. 정명은 김흠돌의 딸을 태자비로 두고 있었기 때문에 소명궁을 후궁으로 삼아 '선명'이라는 호를 내리고, '선명궁'으로 불렀다.

정명은 끝내 김흠돌의 딸을 가까이하지 않았기 때문에 둘 사이에는 왕자가 태어나지 못했고, 그 때문에 그녀는 태자와 선명을 몹시 미워했다. 그러던 중에 문무왕이 죽자 흠돌은 태자인 정명이 왕위에 오르는 것에 반대하고, 문무왕의 또 다른 부인인 야명 부인에게서 태어난 인명을 왕위에 앉히기 위해 반란을 일으켰다.

하지만 흠돌은 반란에 실패하여 죽음을 당했고, 그의 딸도 왕비 자리에서 쫓겨났다. 그 후에 문무왕의 뒤를 이어 왕위에 오른 신문왕은 김흠운의 딸을 왕비로 책봉했다. 그녀가 바로 효소왕의 어머니인 신목왕후다.

신문왕이 김흠운의 딸인 신목왕후를 왕비로 책봉한 내용은 『삼국사기』에 자세히 기록되어 있다.

'신문왕 3년 봄 2월, 일길찬 김흠운의 딸을 부인으로 삼기로 하고, 먼저 이찬 문영과 파진찬 삼광을 보내어 기일을 정했다. 대아찬 지상을 보내어 납채를 하였는데, 폐백이 15 수레, 쌀·술·기름·꿀·간장·된장·포·식혜가 135 수레, 벼가 150 수레였다.

5월 7일, 이찬 문영과 개원을 김흠운의 집에 보내어 그녀를 부인으로 책봉하였다. 그 날 묘시에 파진찬 대상과 손문, 아찬 좌야와 길숙 등으로 하여금 그들의 아내와 딸과 그 밖에 양부와 사량부 여자를 각 30명씩 데리고 가서 부인으로 맞아 오게 하였다. 부인이 왕궁 북문에 이르자 수레에서 내려 대궐로 들어갔다.'

신문왕과 신목왕후 사이에서 태어난 효소왕이 왕위에 오른 것은 열 살 무렵이었다. 왕의 나이가 어린 탓에 정치를 좌지우지한 것은 신문왕 대의 공신들이었다. 공신들의 힘은 왕권을 능가할 지경이었고, 효소왕은 왕권을 되찾을 기회를 엿보고 있었다.

"반드시 잃어버린 왕권을 되찾겠다!"

효소왕은 공신들과 한바탕 대결할 기회를 엿보고 있었고, 재위 9년 5월에 일어난 이찬 경영의 모반 사건을 계기로 삼으려 했다.

"이찬 경영의 모반 사건에 연루된 모든 권신들을 없애고, 공신 세력을 권력의 핵심에서 밀어내도록 한다!"

푸퉈산(普陀山) 관음상
푸퉈산이 유명한 것은 중국 4대 불교 명산의 하나라는 점이다. 푸퉈산은 관음보살의 도량이며, 현재 20여 개의 사찰과 암자가 있다. 그 중 가장 큰 것은 보제선사, 법우선사, 혜제선사다. 또한 중국의 대표적인 불교 대학이 있다.

효소왕은 중시 자리에 있던 순원을 모반과 연계시켜 쫓아내고, 영암군 태수인 일길찬 제일에게 사익을 탐한 죄를 물어 장형에 처하고서 귀양 보내 버렸다.

그러나 효소왕의 시도는 오히려 공신 세력을 단결시키는 결과를 낳고 말았다.

"왕이 우리 권신들을 몰아내려고 혈안이 되어 있다. 우리가 지금 뭉치지 않는다면 왕의 허수아비 귀족으로 전락할 수밖에 없다. 모두 뭉쳐서 왕을 몰아내야 한다!"

결국 귀족과의 대결은 효소왕의 몰락으로 이어졌고, 효소왕은 경영의 모반 사건이 발생한 지 2년 만인 702년 7월에 숨을 거두고 말았다. 그리고 그 뒤를 이어 성덕왕이 신라 제33대 왕위에 올랐다.

"왕의 나이가 겨우 이십대 초반인데 아무런 이유도 없이 죽었다니, 그 말을 어떻게 믿겠어?"

"혈기방장한 나이에 아무 병도 없이 느닷없이 죽었다면, 권신들에 의해 제거되었을 가능성이 많은 것 아닌가?"

"한반도 삼국을 통일할 때에는 백성과 귀족, 왕이 똘똘 뭉쳤는데, 이제 살 만하니까 왜 이렇게 나라가 시끄러운 거야?"

백성들은 효소왕의 죽음과 성덕왕의 즉위에 대해 많은 의문을 품었다.

『삼국사기』에는 성덕왕의 즉위 과정을 자세하게 기록해 놓았다.

'성덕왕이 왕위에 올랐다. 이름은 흥광이다. 본명은 융기였으나 당나라 현종의 이름과 같았기 때문에 흥광으로 고쳤다. 당서에는 김지성이라 하였다. 그는 신문왕의 둘째 아들이며, 효소왕의 동복 동생이다. 효소왕이 별세하였으나 아들이 없었으므로, 나라 사람들이 그를 왕으로 세웠다. 당나라 측천무후가 효소왕이 별세하였다는 말을 듣고 애도하기 위하여 이틀 동안 조회를 하지 않았으며, 사신을 보내어 조문하는 동시에 성덕왕을 신라 왕으로 책봉하고, 장군 도독이라는 형의 칭호를 이어받게 했다.'

그런데 『삼국유사』에 실린 〈명주(溟州) 오대산 보질도태자

전기〉편에는 이런 내용이 있다.

'신문왕은 슬하에 보천과 효명, 두 아들을 두었다. 어느 날 이 두 아들은 속세를 벗어나고자 오대산으로 들어가 여러 부처의 진신을 참배하고, 각각 암자를 지어 수도했다. 그리고 매일 아침마다 신령스런 샘물을 길어 1만 문수보살에게 차를 공양했다. 그러던 어느 날, 신문왕의 동생이 왕권을 다투다 쫓겨나자 나라 사람들이 장군 네 사람을 오대산에 보내어 효명태자 앞에 와서 만세를 부르게 하니, 그 즉시 오색 구름이 나타나 오대산에서 신라의 서울에까지 뻗치고, 이레 밤 이레 낮을 광명이 떠돌았다. 나라 사람들이 그 광명을 찾아 오대산에 이르러, 두 태자를 모시고 서울로 가려 하였다. 그러나 보질도태자는 울면서 돌아가지 않으므로, 그 아우인 효명태자만 모시고 서울로 돌아가 왕으로 옹립했는데, 이가 바로 성덕왕이다.'

『삼국사기』에는 효소왕이 죽자 그의 동생이 왕위에 올라 성덕왕이 되었다고 되어 있지만, 『삼국유사』에 실린 설화 내용에는 효소왕이 귀족들의 왕권 다툼 과정에서 사망하자, 오대산에 와 있던 효소왕의 두 형들 중에서 작은 형인 효명태자가 경주로 가서 왕위에 올라 성덕왕이 되었다고 되어 있다.

그러니까 『삼국사기』〈신문왕조〉에는 '왕비가 무자(無子)하므로 폐하였다'고 기록되어 있으나, 실제로는 신문왕과 첫 번째 왕후였던 김흠돌의 딸 사이에 두 아들이 있었고, 김흠돌이 반란을 일으키자 왕비가 폐위되면서 두 왕자도 내쫓겨 오대산으로 들어갔다고 추측하기도 한다. 그리고 권신들은 효소왕을 제거한 뒤에 오대산에 숨어 살던 두 왕자 중 한 명인 효명태자를 경주로 데려와 왕위에 앉혔는데, 그가 곧 성덕왕이라는 것이다.

성덕왕은 즉위한 뒤에 가장 먼저 민심 달래기에 주력하였다.

"과인이 임금 자리에 올랐으니 백성과 관리들에게 큰 선

어메이산(峨眉山)
중국 도교와 불교의 성지로, 중국 3대 영산(우타이산, 텐타이산, 어메이산)이자, 중국 사대 불교 명산(우타이산, 주화산[九華山], 푸퉈산, 어메이산)이다. 26개의 사찰이 있고, 보현보살의 성지다.

물을 내려야겠다. 중죄를 지은 자들을 제외하고 나라 안의 모든 죄수들을 사면하여 가족 품으로 돌아가게 하고, 문무관의 관작을 한 급씩 승진시키도록 하라. 또한 모든 주와 군에 하달하여 1년 동안 조세를 감면하도록 하라!"

성덕왕의 이런 조치들은 관리와 백성들의 큰 호응을 얻어 내는 데 성공했다.

"지금 왕은 비록 좋지 않은 소문에 휩싸여 있지만, 우리 백성들을 위해 많은 노력을 기울일 모양이야."

"새 왕이 백성을 위해 나라를 이끄는 큰 성군이시면 좋겠구먼."

곧 민심의 안정은 정치적 안정으로 이어졌다.

"당나라에 꾸준히 견당사를 파견하여, 당나라의 선진 문물을 수입함으로써 나라를 부강하게 하라!"

"또한 왕실과 귀족 자제들을 당나라 국학에 입학시켜 학문을 배워 오도록 하라!"

"조공 사절을 당나라에 보내어 우리 신라와 당나라의 친분을 강화하도록 하라!"

"당나라와 관계를 돈독하게 유지하기 위해 옛 고구려 땅에서 일어선 발해와는 거리를 두도록 하라!"

성덕왕은 신라의 고유한 문화를 바탕으로 고구려와 백제의 문화를 종합하고, 당의 문화까지 받아들여 나라를 발전시키는 일에도 앞장섰다.

이러한 성덕왕의 노력 덕분에 신라는 정치와 외교 면에서 빠르게 안정을 되찾아 갔다.

당나라는 물론이고 일본에서 성덕왕의 즉위를 축하하는 사절단을 파견하기도 했다.

"우리 일본은 204명의 사신을 보내어 신라 왕의 즉위를 축하하겠다!"

효소왕 7년 3월 기사에 '일본국 사신이 왔으므로 왕이 숭례전에서 만났다' 라는 기록이 있다.

이로써 신라에서도 왜의 공식 국호를 '일본'으로 사용했던 것이다. 왜는 문무왕 10년인 670년에 자국의 공식 명칭을 '일본'으로 개칭했다고 통보했는데, 신라에서도 그 점을 인정해 왜라 부르지 않고 '일본'이라고 불렀다.

하지만 신라는 일본보다 당나라와 친밀한 관계를 유지하기 위해 많은 노력을 기울였고, 급기야 일본과의 관계가 소원해져서 국교 단절 상황에까지 치달았다.

신라는 많은 유학생과 승려, 상인들을 당나라로 보내며 관계를 돈독하게 유지하려 애를 썼다.

당나라는 점차 혼란기에 접어들고 있었는데, 그럼에도

신라가 그렇듯 당나라를 가까이한 것은 왕권에 대한 위협 때문이었다. 만일 당나라에서 반란군이 득세한다면, 신라에서도 진골 귀족이 들고일어날 수 있다고 판단했기 때문이다.

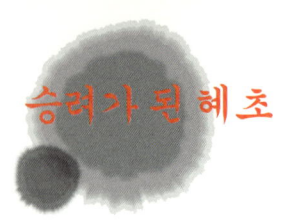
승려가 된 혜초

혜초가 태어난 해는 성덕왕이 왕위에 오르고 나서 2년 뒤인 704년이었다.

신라가 한반도 삼국을 통일하고 30년이 지난 후였는데, 나라는 농업·상업·수공업이 발달하여 전에 없는 번영을 누리고 있었다. 나라의 힘이 날로 부강해지자 불교도 자연히 크게 융성하였다.

혜초의 생애에 대해서는 남아 있는 자료가 거의 없는 편이다. 혜초의 출생 연도에 대해서도 700년경 설과 704년 설, 두 가지 설이 있다. 그런데 혜초가 719년(신라 성덕왕 18) 무렵인 열여섯 살 때에 당나라에 들어갔다고 한 것으로 보아, 혜초의 출생 연도는 704년일 가능성이 크다고 보고 있다.

 신라에 불교가 들어온 지 이미 수백 년이나 지나 있었고, 법흥왕과 진흥왕 등 많은 왕들이 불교를 깊이 믿으며 큰 절을 여러 군데에 세워서 많은 승려들을 길러 내고 있었다. 그 무렵의 신라는 신분 제도가 무척 엄격하였다. 엄격한 신분 제도 때문에 높은 관직에 오를 수 없는 일반 백성들은 승려가 되기 위해 애썼다. 승려는 신라 사회에서 왕족과 귀족들로부터 우대를 받는 특수 계층인 셈이었기 때문이다.
 혜초도 어린 시절에 승려가 되었다.

 『밀교 불전』에는 혜초의 어린 시절 이야기로 짐작되는 내용 한 가지가 실려 있다.
 '그가 어린 시절에 동계천이라는 강가에서 놀고 있었다. 한참 놀다가 산돼지를 잡게 되었는데, 그는 잡은 산돼지를 뒷

마당에 버려 두었다. 그런데 다음날 그 산돼지를 보러 갔더니 산돼지는 감쪽같이 사라지고 없었다. 그는 피의 흔적이 남은 것을 발견하고 그 흔적을 따라갔다. 피는 산돼지 굴로 이어지고 있었다. 그는 굴에서 어린 아기 산돼지 다섯 마리를 안고 있는 어미 산돼지를 보게 되었다. 그런데 그 어미 산돼지는 어제 잡은 산돼지와 같았다. 그는 대단히 놀라고 또한 깊게 감동하였으며, 그 기이한 현상에서 어떤 영감을 얻어 불승이 되기로 결심하였다.'

"어떤 어려움이 있어도 꾹 참고서 열심히 불도를 닦아 나가야 한다. 그리고 반드시 사람이 살아가는 뜻과 세상의 모든 이치를 깨닫고 말겠다!"

공부 욕심이 많았던 혜초는 이른 새벽부터 저녁 늦게까지 불교의 가르침을 익히며 부처 앞에서 불공을 드렸다.

"우리 신라에 불교가 크게 융성해 있지만, 그래도 불교 공부를 하려면 의상 대사처럼 당나라로 건너가야 하는

막고굴
중국 간쑤성 둔황에 있는 대표적인 천불동(千佛洞)으로 유네스코 세계 문화 유산에 지정되어 있다. 기원전 전한 시대의 불교 유물부터 시작하여 당나라 후기까지의 불교 유물이 시대별로 폭넓게 있다. 1987년에 유네스코 세계 문화 유산에 등록됐다.

데……."

"원효 스님처럼 당나라에 다녀오지 않고 큰스님이 되신 분도 계시지만, 머리 깎고 중이 되었다면 당나라에 한 번쯤은 다녀와야 되지 않겠어?"

"그러게 말이야. 신라 안에서만 공부를 하자니 뭔가 부족한 것만 같단 말이야."

"덕이 높고 학문이 깊은 스승을 만나려면 당나라로 가야 해. 어디 그뿐인가? 불교에 관한 책도 신라에는 별로 없잖아."

"너나없이 당나라로 건너가 학문을 쌓고 돌아오는데, 어찌 신라에만 머물러 있겠어?"

승려들은 어느 정도 학문이 깊어지면, 모두 당나라로 가서 공부하고 싶다는 꿈을 키우고 있었다.

최치원은 이 무렵의 신라 승들의 구법(求法) 행각 열기를 이렇게 묘사했다.

'무릇 길이란 멀다고 사람이 못 가는 법이 없고, 사람에게는 이국(異國)이 따로 없다. 그렇기 때문에 동쪽 나라(신라) 사람들은 승려건 유자(儒者)건 간에 반드시 서쪽으로 대양을 건너서, 몇 겹의 통역을 거쳐 말을 통하면서 공부하러 갔다.'

이렇게 떠난 신라 승들은 당나라에서 구법한 뒤에 대부분 귀국했고, 일부는 천축국(인도)으로 건너갔으며, 일부는 중국에 남아서 불사를 주지하기도 했다. 구법을 마치고 귀국한 승려들은 깊은 학문과 덕행으로 인해 왕왕 원조(元祖)나 국사(國師)라는 존대를 받았으며, 신라 불교의 부흥에 크게 기여하기도 했다.

신라는 한반도 삼국 통일을 이룬 후에 당나라와의 관계를 더욱 밀접하게 유지했다. 그러면서 승려나 유학생들의 당나라 유학을 적극 권장하기도 했다. 신라의 승려인 각덕이 중국의 양나라로 건너가서 불교를 공부한 뒤, 진흥왕 10년에 양나라 사신과 함께 불사리(佛舍利)를 가지고 돌아온 것이 신라 승으로서는 당나라 유학의 시작이었다. 그 후에 진흥왕 26년(565)에 남조 최후의 왕조인 진의 사신 유사와 함께 경론 1,700여 권을 가지고 돌아온 명관을 비롯해, 신라가 멸망하기 전까지 약 400년 동안에 구법을 위해 수나라와 당나라로 들어간 신라 승의 숫자는 무려 수백 명에 달했다고 한다.

 이 무렵에 신라의 유명한 승려들은 대부분 당나라에 가서 공부하고 돌아온 사람들이었다.
 "나도 원광 스님, 자장 스님, 원측 스님, 의상 스님 같은 훌륭한 승려가 되고 말겠다!"
 마침내 혜초도 당나라 유학을 결심했다.
 당나라로 가는 데는 두 가지 방법이 있었다. 한 가지는 북쪽으로 가서 압록강을 건너, 만주 발판을 지나서 요동(랴오뚱)으로 들어가 중국 땅으로 가는 길이었다. 그리고 두 번째 방법으로는 배를 타고 건너가는 것이었다.
 "육로로 가면 도중에 사나운 짐승을 만날 수 있고, 도적을 만나 재물과 목숨을 잃을 수도 있으니 마음놓고 택할 길은 못 돼."
 "그런데다 얼마 전까지만 해도 북쪽은 고구려 땅이었으니, 아무래도 우리 신라 사람이 지나가기에는 위험이 많지."

"원효 스님과 의상 스님도 육로로 갔다가 고구려 병사들한테 잡혀서 되돌아오고 말았잖아."

"머나먼 길을 걸어야 하고, 아무도 없는 산길을 걷다가 봉변이라도 당하면 정말 큰일이지."

"바닷길로 가는 것이 육로보다는 안전하겠지만, 만약에 태풍이라도 불면 목숨이 위태로워."

"그렇지만 날씨가 좋고 배만 튼튼하다면 바닷길 여행이 훨씬 안전하지. 그리고 육로로 당나라에 찾아가려면 많은 시일이 필요하지만, 배로 가면 며칠 안에 중국에 도착할 수 있어."

혜초는 다른 사람들의 의견을 들어 본 뒤에 바닷길을 통해 당나라로 가기로 결정했다.

"아, 드디어 내가 당나라로 떠나는구나!"

혜초는 벅찬 가슴을 안고 당나라로 향하는 배에 몸을 실었다. 그 때가 719년(성덕왕 18)이었다. 혜초와 함께 배

막고굴 제323굴의 한 무제(전한의 제7대 황제)

를 탄 사람은 승려만이 아니었다. 장사하는 사람이나 상인, 일반 백성들까지 각자 다른 목적을 지니고 당나라로 향하고 있었다.

혜초의 유년 시절이 전해지지 않고 있는 상황이라 그의 입당(入唐) 동기를 정확하게 알 수는 없지만, 그곳에 간 뒤에 인도에서 온 밀교승 금강지를 사사하였다는 등의 활동 기록으로 보아, 구법을 위해 중국에 간 것으로 짐작하고 있다. 혜초의 입당 구법 행각은 우연한 것이 아니라, 당시에 성행했던 신라인들의 입당 구법이나 유학의 물결을 타고 이루어졌을 것으로 추측된다.

"당나라가 비록 우리 신라 땅은 아니지만, 신라와 가까운 산둥 반도나 그 밖의 해안 지대에는 신라 사람들이 많이 모여 사는, 신라방이라는 마을이 곳곳에 이루어져 있으니까 크게 걱정할 것 없습니다."

"어디 그뿐입니까? 신라 사람들은 신라방(중국 당나라 〔618~907〕 때에 중국의 동해안 일대에 설치되었던, 신라인의 집단 거주 지역)에 신라원*이라는 절을 세워, 신라의 승려들로 하여금 설법을 하도록 하고 있지요."

"훌륭한 배를 만들어, 당나라 사람들과 크게 장사를 하는 신라 사람들도 아주 많아요."

어른들은 어린 승려인 혜초를 위로했다.

그 무렵에 산둥 반도, 강회 지방, 항주만 등에는 신라방이 형

많은 수의 신라인들이 당으로 이주하여 산둥성에서부터 장시성에 걸쳐 집단으로 살면서, 신라방에 절을 세운 뒤에 신라원이라고 불렀다. 장보고에 의해 세워진 적산 법화원이 대표적인 신라원이었는데, 법화원은 재력을 갖춘 사찰로 당나라에 거주하는 신라인들의 거점 역할을 하였다. 법화원은 당시 일본에까지 널리 알려졌는데, 이 절에는 신라의 승려는 물론이고 당나라 승려나 일본에서 건너온 승려들도 많았다고 한다.

성되어 있었다. 신라방이 형성될 수 있었던 원인으로는 당나라의 개방적인 이민족 정책, 신라와 당나라의 지속적인 교류와 우호적 관계, 두 나라 사이의 지리적 접근성 등을 들 수 있다. 많은 신라 사람들이 중국 대륙으로 건너가 살았는데 주로 교역하는 상인들이 많았으며, 견당사(사신단)와 학문을 익히러 간 유학생, 불법을 배우러 간 구법승, 그리고 경제적 난민과 정치적 망명객도 상당수 머물렀던 것으로 알려진다. 신라방은 주로 바다 근처 도시에 설치되었기 때문에 신라인의 해상 활동이 활발해지면서 조선업과 선박 수리업 등이 발달했으며, 당나라에 왕래하는 외국인들을 대상으로 교통 편의를 제공하고 현지 사정을 알려 주는 역어(譯語)와 통사(通事)가 있었다고 한다.

혜초는 별 어려움 없이 당나라 땅에 도착했다.

"나는 신라원에 머물면서 안전하게 구법을 하고 신라로 돌아가겠어."

"이렇게 힘들게 당나라에 도착했는데 편안하게 불교 공

부를 하면 고생한 보람이 없지 않겠어? 나는 신라방이 아닌 다른 지역으로 가서 훌륭한 스승을 찾아보겠어."

함께 온 승려들은 머물 곳을 찾아 뿔뿔이 흩어졌다. 혜초는 남쪽의 광동 지방으로 발길을 재촉했다. 그곳에는 천축국(인도)에서 온 금강지가 머물고 있었다.

금강지는 남천축 출신으로 제자인 불공과 함께 실론(현재의 스리랑카)과 수마트라를 거쳐, 719년에 중국 광주에 도착해 그곳에서 밀교*를 전도하고 있었다.

"불교는 천축국을 거쳐 중국으로 전해졌으니, 천축국에서 공부하신 금강지 스님을 만나 정진하면 진정한 불교 공부를 할 수 있을 것이다."

혜초는 천축국 불교에 대해 관심이 많았다.

"한문으로 번역된 당나라의 불교 서적보다 천축국 글로 쓰여진 책이 훨씬 낫다고 했다. 어차피 공부를 하려면 천

밀교는 비밀 불교 또는 밀의 종교의 약칭. 진언(眞言) 밀교라고도 하는데, 일반 불교를 현교(顯敎)라 하는 것에 대한 대칭어다. 인도에서 티베트·네팔 등으로 전파되어 오늘날에도 행해지고 있는 것은 구생승 계통이다. 그러나 중국·한국·일본 등의 밀교는 토착 신앙과 결합된 요소는 많아도 성력적 요소는 없다.

축국 글로 된 책을 직접 보고 공부하는 것이 좋을 것이다."

혜초는 금강지를 찾아가 제자로 받아 줄 것을 청했다.

"어린 나이에 해동 땅을 떠나 당나라까지 와서 부처님의 말씀을 공부하다니, 참으로 기특하구나."

"부디 제게 참다운 불교의 법을 가르쳐 주십시오. 세상의 모든 이치를 깨치게 해 주십시오."

"밀교가 목말라 하는 부처님의 참뜻을 네게 가르쳐 줄 것이다. 밀교란 인간의 현실적 생활에 이익을 주는 것을 주된 목적으로 한다. 일상생활을 중요시하고, 인간의 삶에 구체적 이득을 주는 기복 신앙적 성격이다. 교리가 구체적이고 간단하며, 모시는 신상들도 엄숙하고 절제된 신상이 아니라 다양한 형태를 갖추었다. 천 개의 손바닥 하나마다 눈이 있어서, 모든 사람들의 괴로움을 그 눈으로 보고 그 손으로 구제하고자 하는 염원을 상징하는 천수관음도 밀교의 대표적인 신상 중 하나다."

혜초는 금강지의 강의를 들으며 깨달은 점이 많았다.

"치밀하면서도 방대한 교학의 체계에서는 성불이 대중들과는 거리가 먼, 출가자의 영역일 뿐이었다. 경전의 주석에만 열정을 쏟아 붓던 부파 불교 시대와 다를 바가 없질 않았는가. 하지만 밀교는 진언, 수인, 관법, 만다라, 의례 등 다양한 방법을 통해 대중으로 하여금 종교적 체험을 할 수 있게 해 주는구나. 그리고 밀교를 통해 욕심, 성냄, 어리석음이라는 삼독(三毒)의 두터운 업장을 소멸토록 이끌고 있으니, 밀교야말로 참다운 대승 불교로구나!"

이렇게 금강지는 혜초의 스승이 되었다. 성덕왕 18년인 719년의 일이었다. 금강지의 제자가 된 혜초는 밀교를 보다 더 잘 알기 위해서 많은 노력을 기울였다.

금강지는 불공[*]이라는 제자를 두고 있었다.

"두 사람은 나이가 비슷하니 앞으로 뜻을 함께하며 서로

불공은 인도의 승려로, 중국 당나라로 건너가 불경 번역과 포교 활동에 힘썼다. 4대 번역가 중 한 사람으로, 산스크리트어와 한자의 음운의 대응 조직을 확립하여 번역사에 큰 공을 세웠다. 스리랑카 출생의 브라만이라고 전해질 뿐, 확실한 기록은 없다. 720년에 중국 당나라로 건너가서 스승인 금강지를 도와 불경 번역에 종사하였다. 741년에 남인도로 돌아와서 용지로부터 범본(梵本)을 전수받아 진언의 비법을 배우고, 746년에 다시 중국으로 가서 죽을 때까지 불경 번역과 포교 활동을 하며 현종·숙종·대종, 3대 황제의 제사(帝師)를 지냈다. 밀교 경전 110부 143권을 번역하여 중국 밀교의 기초를 닦았고, 4대 번역가의 한 사람으로 불경 번역사에 불멸의 공적을 남겼다.

에게 많은 도움이 되도록 해라."

"함께 공부하며 불교에 관해 많은 도움이 되도록 하겠습니다."

혜초는 같은 또래인 불공과 함께 공부할 수 있게 된 것을 크게 기뻐했다.

"앞으로 열심히 불교와 천축국 말을 공부하도록 하겠습니다. 많이 도와주십시오."

"신라가 어떤 나라인지 많이 궁금합니다. 앞으로 신라에 대해 많은 이야기를 들려주십시오."

두 사람은 금방 친해졌다.

혜초는 불공에게서 천축국 말을 열심히 배웠다.

"중국에도 훌륭한 스님과 책들이 없는 것은 아니지만, 불교의 참뜻과 가르침을 배우려면 역시 불교의 본고장인 천축국으로 가는 것이 좋겠구나."

금강지의 제자가 된 혜초

혜초는 천축국 언어를 공부하면서 반드시 천축국으로 가야 되겠다는 결심을 굳혀 갔다. 이 무렵에 당나라에는 천축국으로 가서 불교를 공부하고 돌아오는 승려들이 많았다. 그 중에서도 현장*이 대표적인 인물이었다.

"현장 법사께서는 백 년 전에 천축국으로 가셔서, 십오 년 정도 그곳에 머물며 불교를 공부하신 뒤에 중국으로 돌

- 현장은 장안·청두와 그 밖에 중국 중북부의 여러 도시를 여행하며 불교 연구에 진력한 뒤, 많은 의문을 풀기 위하여, 또한 불교 경전을 가져오기 위하여 627년(일설에는 629년)에 인도로 떠났다. 도중 고창국 왕인 국문태(麴文泰)의 대접을 받았으며, 인도에 도착한 후에 나란다 사원에 들어가 계현 밑에서 불교 연구에 힘썼다. 당시 카나우지에 도읍하고 있던 하르샤 대왕 등의 우대를 받았는데, 641년에 많은 경전과 불상을 가지고 귀국 길에 올라, 힌두쿠시와 파미르의 두 험로를 넘어 호탄을 거쳐서 645년 정월에 조야의 대환영을 받으며 장안으로 돌아왔다. 태종의 후원을 받아 74부 1,335권의 경전을 한역한 이외에도, 인도 여행기인 『대당 서역기*』(12권)를 저술하였다.

- 『대당 서역기』에는 현장이 직접 가 본 곳과 간접적으로 들른 138개국의 풍토·산물·정치·풍속·전설이 전해지고, 불사·불승의 수, 불탑·성적(聖蹟)의 유래 등이 서술되어 있다. 이 책은 오늘날까지도 전해지는데, 7세기 무렵의 중앙아시아나 인도의 사정을 아는 데 더없이 귀중한 자료가 되고 있다.

아와 여행 이야기를 『대당 서역기』로 남기셨다. 나도 언젠가는 현장 법사처럼 천축국으로 가서 많은 공부를 한 뒤에 돌아와야겠다."

혜초는 현장이 쓴 『대당 서역기』를 한시도 손에서 놓지 않았다.

"그렇게 읽고 또 읽었으니 이제 줄줄 외울 정도가 되겠습니다."

불공은 혜초의 열성을 칭찬했다.

"이 책을 읽다 보면 현장 법사께서 저보다 백 년이나 먼저 당나라의 서울을 떠나 서쪽으로 향하시면서, 험한 산을 넘고 막막한 사막을 건너서 천축국으로 향하시는 모습이 눈앞에 그려지고는 합니다."

"정말 대단하신 분이지요. 뭍으로 천축국으로 가는 길은 참으로 어렵고 힘든 길인데도 마다하지 않고 떠나셨으니 말입니다."

"저도 반드시 천축국으로 가겠습니다. 그래서 현장 법사께서 밟으신 길을 다시 한 번 밟고 돌아오겠습니다."

"천축국으로 가려면 먼저 신강성에 있는 타클라마칸 사막을 가로질러 가야 됩니다."

"그 사막이 그렇게 위험한가요?"

"그 사막은 신라 땅의 몇 갑절이나 될 정도로 어마어마한 곳입니다. 한번 모래 바람이라도 휘몰아치는 날에는 편평하던 눈앞이 순식간에 언덕으로 변하고, 그 모래 언덕이 삽시간에 없어지기도 하지요."

"가도 가도 끝이 없는 모래벌판이 이어져 있으니 방향을 잡는 것도 쉽지 않겠군요."

"그렇습니다. 물이 떨어져 목이 타서 죽는 경우도 많고, 길을 잃고 헤매다 굶어 죽는 경우도 많습니다."

불공은 혜초의 천축국행 결심을 걱정했다.

"어디 그뿐이겠습니까? 험난한 사막을 벗어나도 다시 높고 험한 파미르 고원을 또 넘어야만 천축국에 도착할 수 있습니다."

막고굴의 상징 북대불전
측천무후의 즉위 기념으로 세웠다.

"현장 법사께서 쓰신 책을 읽어서, 천축국으로 가는 길이 얼마나 어렵고 힘든가는 이미 잘 알고 있습니다. 죽음을 두려워한다면 천축국으로 가는 꿈을 접어야 하겠지요."

혜초는 뜻을 굽히지 않았다. 혜초가 천축국으로 갈 계획을 세우자 주변 사람들이 많은 걱정을 했다.

"목숨을 내놓고 가야 하는 길입니다. 꼭 천축국으로 가지 않더라도 이곳에서 불교 공부를 얼마든지 할 수 있습니다."

"어찌 험한 길이 천축국으로 가는 길만이겠습니까? 이미 백 년 전에도 다녀온 사람이 있습니다. 설령 그곳으로 향하다가 목숨을 잃는다 해도, 부처님의 참 진리를 배우기 위함인데 무엇이 두렵겠습니까."

혜초가 뜻을 접지 않자 불공은 중요한 책 두 권을 구해다 주었다.

"의정 스님께서는 사오십 년 전에 천축국으로 가서서 이십 년 동안 머무시다가, 당나라로 돌아와 당나라 불교에 많은 도움을 주신 분입니다. 이 책들은 그분이 쓰신 것인데, 적잖게 도움이 될 것입니다."

불공이 건네준 책은 『대당 서역 구법 고승전*』과 『남해 기귀내 법전*』이었다.

"참으로 귀중한 책을 선물해 주셨습니다. 당나라에서 천축국으로 불교를 공부하러 갔던 여러 스님들의 이야기가 실려 있으니, 참으로 많은 도움이 되겠습니다."

- 『대당 서역 구법 고승전(大唐西域求法高僧傳)』은 서역과 인도에서 구법한 당나라 승려 60명의 전기로, 2권의 책으로 엮어져 있다. 689에서 691년에 걸쳐 의정이 찬술했다. 인도에 유학했던 의정이 귀국 길에 수마트라의 실리불서(室利佛逝 : 시리비자야)에 체류하며 쓴 것으로, 당시의 인도 · 동남아시아의 불교 사정과 남해 교통에 관한 귀중한 자료다.
- 『남해 기귀내 법전(南海寄歸內法傳)』은 중국 당나라 승려인 의정이 유학 중에 닦은 승려의 규범을 40개 항목으로 나누어 기록한 책으로, 전 4권으로 되어 있다. 의정은 671년에 광저우를 출항하여 수마트라 섬의 팔렘방을 경유, 인도로 건너가 날란다 사원에서 불법을 연수하고 685년에 귀로에 올랐다. 이 책은 당시 불교의 제반 상황과 승원에서의 생활 등을 아는 데 중요한 자료가 되고 있다. 또한 인도 및 동남아시아 여러 곳의 풍토 · 관습 · 민속 등의 실정을 전해 주고 있기 때문에, 그의 다른 저서인 『대당 서역 구법 고승전』과 함께 당시 남해사(南海史)의 자료로서도 중요한 가치가 있다.

혜초는 『대당 서역 구법 고승전』 책에 실린 승려들의 전기를 꼼꼼하게 읽었다.

"모두가 갖은 고생을 무릅쓰고 어려운 길을 떠나셨구나."

그 책을 읽는 동안 혜초를 감격시킨 것은, 그 속에 실린 신라 승려들의 이야기였다.

"신라에서 당나라를 거쳐 천축국으로 가서 불교를 공부하신 분들이 이렇게 여러 분이셨구나."

『대당 서역 구법 고승전』에 실린 신라 승려들은 아리야발마, 혜업 법사, 현태 법사, 현각 법사, 현조 법사, 혜륜 선사, 그리고 이름이 알려져 있지 않은 '신라의 두 스님' 등이었다.

『대당 서역 구법 고승전』에는 신라 승려들에 대해 자세히 기록되어 있었다. 혜초는 그 책에 쓰인 신라 고승의 이야기를 한 자도 놓치지 않고 꼼꼼하게 읽었다.

'아리야 발마는 신라 사람이다. 당 태종 정관 연간 (627~649)에 장안의 광협(왕성의 산 이름)을 떠나 천축국에 가서 불교의 정법을 추구하고, 성스러운 불교 유적들을 몸소 순례하였다. 나란타사(那爛陀寺, 나란다 불교 대학)에 머물면서 불교 윤리의 율(律)과 학문인 논(論)을 익히고, 여러 가지 불경을 간추려 베꼈다.

슬픈 일이다. 돌아올 마음이 많았으나 그것이 이루어지지 못하였다. 동쪽 끝인 계귀(신라)에서 나와 서쪽 끝인 용천 (나란다 대학)에서 돌아가셨다. 나이가 일흔이었다. 나란타사에는 연못이 있어, 이를 용천이라고 부른다.'

'혜업 법사는 신라 사람이다. 정관 연간에 서쪽 나라(천축국)로 가서 보리사(부다가야 보리수 북쪽에 자리 잡고 있는 마하보디 사원)에 머물며 성스러운 불교 유적을 순례하고, 오랫동안 강의를 듣고 불서를 읽었다.'

의정은 혜업이 머물렀던 절에서 당나라 불서를 조사하다가, 우연히 어느『양론(梁論)』의 아래에, '불치목(佛齒木) 아래에서 신라 승 혜업이 베껴서 적었나이다' 라고 적혀 있는 것을 보게 되었다. 의정이 그 절의 승려에게 이유를 묻자, 절의 승려는 혜업이 이곳에서 세상을 떠났다고 하면서, 나이는 예순 살에 가까웠다고 말해 주었다고 한다. 혜업이 베꼈던 범어 책은 모두 나란타사에 보관되어 있다.

천축국에서는 양치할 때에 작은 나뭇가지 끝을 부셔서 여러 갈래의 줄기로 만들어 이를 닦는다. 이 양치하는 나뭇가지를 '치목(齒木)' 이라고 하는데, 지금도 인도인들이 이 나뭇가지로 양치하는 것을 쉽게 볼 수 있다.

나란타사 근본향전의 서쪽에 있다는 '불치목' 은 부처님과 인연이 있어서 이름이 나 있다.

'현태 법사는 신라 사람이다. 천축국 이름은 '살바진야 제바' 다. 영휘 연간(650~656)에 티베트를 경유하여 네팔을

사막의 승탑
돈황 막고굴 정문 앞에 서 있다. 『동방 견문록』에는 '사막에는 악령의 소리가 들려서 여행자들이 그 소리에 홀려 길을 잃고 죽어 간다'라고 쓰여 있다.

거쳐서 중부 천축국에 들어갔다. 보리수(부다가야의 금강 좌에 있는 보리수를 일컬음)를 예배하고 불교의 경(經)과 여러 논(論)을 상세히 조사한 후, 발걸음을 동쪽 땅(중국) 으로 돌렸다. 토요혼(티베트, 지금의 청해성 지방)에 이르러 도희 법사와 만나게 되자, 다시 더불어 발길을 천축국으로 돌려서 대각사(부다가야의 마하보디 사원)로 돌아갔다. 그 뒤에 당나라로 돌아왔으나, 그가 죽은 때는 알 수 없다.'

'현각은 신라 사람이다. 현조 법사와 더불어 정관 연간에 다 같이 대각사에 이르렀다. 그곳을 예경(禮敬)하는 소원을 풀고 나서 병에 걸려 죽었다. 나이는 고작 마흔을 넘겼을 뿐이었다.'

'그 외에도 신라 스님 두 분이 있는데, 휘(죽은 뒤에 지어 주는 이름)는 알 수가 없다. 장안에서 출발하여 멀리 남해(수마트라 북부 연안)로 갔다. 배를 타고 슈리비자국(지금의 수마트라 동부와 캄보디아에까지도 영향을 미쳤던 대국)의 서쪽에 있는 파로사국(지금의 바로스 수마트라 서남부 해안을 지배했던 나라)에 이르러 모두 병에 걸려 죽었다.'

'혜륜 선사는 신라 사람이다. 천축국 이름은 반야발마라 하고, 당나라에서는 혜갑이라고 한다. 신라에서 승려가 된 뒤에 중국의 복건성을 거쳐 장안에 이르렀다. 그 후에 칙명을 받들어 천축국으로 가는, 중국의 현조 법사의 시자(侍者)가 되어 따라갔다.

천축국에 도착하여 고루 불교 유적을 참배하고, 갠지스 강 북쪽의 신자사에서 10년을 살았다. 요사이에는 동쪽으로 가서 북방의 토카라 스님들이 사는 절에 머물고 있다. 이 절은 자산이 충분하여 식사 차림이 좋다.'

혜륜이 머물렀던 절의 이름은 건타라 산다라고 하였다. 혜륜은 여기에 머물렀는데, 범어를 잘하고 구사학(俱舍學)도 깊이 연구했다. 의정 자신이 중국으로 돌아올 때에도 그는 그 절에 머물고 있었다. 그 때 나이는 마흔을 바라보고 있었다고 한다.

그 외에도 고려 사람으로 중국의 승철 선사의 제자인 현유 스님이 기록으로 남아 있다.『대당 서역 구법 고승전』에는 현유 스님에 대하여 '승철 선사를 따라 사자국(스리랑카)에서 출가하여 승려가 되었다. 그 까닭으로 그곳에 머물고 있다'라고 기록되어 있다.

또 중국에 영향을 끼친 신라의 고승 중에는 원측(613~696)이 있었다. 원측은 신라의 왕손이었다. 원측은 어려서 출가하여 지혜롭고 유능한 승려가 되었다.

전관 초년에 중국 장안에 가 있을 때, 당 태종이 그의 총명을 아껴서 도첩을 하사하여 원법사에 머물게 하였다. 그는 당나라에 머물면서 역경(譯經)과 저술 등에 종사함으로써 중국의 불교 발전에 공헌하였다.

그가 쓴『해심밀경소(海深密經疏)』는 중국어뿐만 아니라 당시 티베트어로도 번역되어, 티베트의 사상계와 종교 문화 개혁에 크게 공헌했다. 세월이 흐르면서 중국어로 된 책의 일부가 없어졌는데, 최근에 중국 간쑤성 둔황 유적지에서 티베트어로 쓰인 책이 발견되어 그 내용이 다시 중국어로 번역되었으며, 또한 한국어로도 번역되었다.

그 외에 또 다른 인물은 김교각인데, 그는 김 지장보살이라고 일컬어졌다. 김교각도 신라 왕의 친족이었는데 개원 7년(719), 혜초와 같은 시기에 당나라로 건너가 주화산에서 수도하며 지냈다. 그는 인격이 고상하고 매우 결백해, 많은 불교도들이 그를 따르기 위해 주화산으로 왔다고 한다.

그는 중국 민중 불교에 크게 기여한 승려였다. 794년, 아흔아홉 살 때에 많은 승려들을 한자리에 불러 놓고 작별 인사를 하고서 세상을 떠났다. 그가 세상을 떠날 때에 돌 구르는 소리가 하늘에서 요란하게 들려왔다고 한다.

그가 앉은 채 세상을 떠난 지 3년이 지났지만 시신이 변하지 않아, 그 형태가 불경에서 묘사한 지장보살과 흡사하여 승려들은 그를 지장보살의 화신으로 인정했다. 이후에 김 지장보살로

높이 숭앙하고 그를 기려 신광령에 탑을 세웠으니, 그것이 지금의 단신보전이다.

그를 분향 재배하러 오는 불도들이 수천 리 밖에서 구름처럼 몰려들어, 그 발길이 그치지 않았다고 한다.

이태백이 쓴 『지장보살찬』 제28권에는 이런 내용이 기록되어 있다.

'대웅이 하늘을 덮습니다. 해와 달도 빛을 잃을 것입니다. 오직 거룩한 부처의 지혜만이 빛을 뿌릴 수 있고, 또한 그 자애로운 마음으로 사람들을 고통의 나락에서 구할 수 있습니다. 이렇게 어디서나 영원토록 사악한 흐름을 막을 수 있는 분이 있으니, 지장보살을 제외하고 그 누구를 꼽을 수 있겠습니까.

김교각은 김 지장보살이라 일컬었는데, 신라 왕 김씨의 족속이었습니다. 김교각은 젊었을 때에는 성격이 급하고 행실이 방종하여 모든 사람들이 그를 손가락질하며 싫어했는데, 재주와 출신만을 믿고 왕족들과 거리낌없이 호탕하게 놀아

났기 때문입니다.

그러나 그 유흥이 지나쳐 고통에 이르렀고, 그 고통에서 헤어나기 위해 몸부림을 쳤습니다. 부처님에게서 지혜의 검을 빌려 제 마음을 깨끗이 비우고 성스러운 향객(香客)이 되기 위하여 빌었는데, 다행히 신력의 도움을 받아 그 고통이 말끔히 가셨습니다. 그래서 소인은 무딘 필치로나마 이 일을 찬미하려 합니다.

마음이 빈다면 티 없이 깨끗해진다네.

살아서 지나친 것 삼가매

죽어서 부처가 되었네.

채색으로 그린 성상

실로 허황한 소문 아니었고

눈을 쓸 듯 만병을 고치니

하늘도 맑게 개이었네.

찬양할 사 바다 같은 공덕

대를 이어 영원히 알려지리라.'

이처럼 김교각은 지장보살로 숭앙받았으며, 이태백이 찬시를 쓸 정도로 중국 민중 불교에 크게 공헌한 고승이었다.

"천축국으로 떠났던, 많은 신라 승려들 중에서 중국으로 다시 돌아온 분은 현태 법사뿐이로구나. 나머지는 모두 돌아오는 도중이나 천축국에서 세상을 뜨고 말았어."

혜초는 천축국을 다녀오는 게 얼마나 어려운 일인가를 다시금 절감했다.

"그렇지만 무슨 일이 있어도 천축국으로 가는 꿈은 버리지 않겠다!"

혜초의 그 꿈을 이뤄 준 사람은 스승인 금강지였다.

"불교의 성지인 천축국 순례는 불교에 뜻이 있는 중이라면 반드시 품을 꿈이다."

이 무렵에 당나라 승려들이 천축국으로 갔던 이유는 '나란다'라는 불교 대학에서 수학하기 위해서였다. 금강지는

주화산의 대웅보전
주화산은 중국 안후이성 츠저우시(池州市) 칭양현(靑陽縣) 경내에 있는, 불교 4대 성지 중 하나다. 신라 성덕왕의 첫 번째 왕자인 김교각 스님이 719년에 이곳으로 와서 수행을 하면서, 사찰을 세우고 99세의 나이로 열반에 든 곳이다. 그는 유언에서 자신의 시신을 3년간 함 속에 넣어 두고, 그래도 썩지 않거든 등신불로 만들라고 말을 남겼다. 이곳 안후이성은 비가 많아 고온 다습하여 불가능한 유언이었으나, 3년 뒤에도 열반할 때 그대로의 모습으로 남아 있어서 등신불이 되었다고 한다.

혜초도 그런 줄 알았다.

"저는 불교 대학에 들어가지 않을 것입니다."

"그렇다면 왜 그 험한 길을 걸어서 천축국에 가겠다는 거냐?"

"밀교를 보다 더 잘 알기 위해, 구법의 길을 떠나서 불적지를 참배하고 돌아오려는 것입니다."

"떠날 때에는 백 명이지만 돌아오는 자는 한 명도 없다."

금강지는 사막 여행 길의 어려움을 이런 말로 표현했다.

"불교를 일으키신 석가모니의 발자취를 반드시 더듬어 보고 돌아오겠습니다."

"참으로 장한 일이다. 너는 누구보다 영특하고 사리 분별이 정확한 성품이니, 반드시 성공해서 돌아오리라 믿는다. 모쪼록 석가모니의 깊은 뜻을 자세히 배워, 신라 땅은 물론이고 세상 곳곳에 불교의 힘을 심도록 해라."

금강지는 혜초에게 광동에서 배를 타고 줄곧 남쪽으로 내려가서 베트남의 해안을 지나 수마트라에 들렀다가, 인도양으로 빠져서 천축국으로 향할 것을 권유했다.

"무역하는 상인들이 이미 바닷길을 수없이 내왕하고 있습니다. 상인들 중에는 당나라 사람을 비롯하여 수많은 나라의 사람들이 있으니, 많은 도움이 될 것입니다."

금강지는 혜초가 무사히 천축국에 도착할 수 있도록 여비를 마련해 주었다.

"천축국에 들어가 그곳 사람들의 언어와 생활 모습을 잘 관찰하고, 그 나라의 위치·규모·통치 방법·대외 관계·기후와 지형·특산물과 음식·의상과 풍습·언어와 종교 등 지금까지 알려지지 않은 내용들을 자세하게 알아 온다면, 다음에 그곳을 찾는 사람들에게 많은 도움이 될 것이다."

"그렇다면 백 년 전에 현장 법사가 가셨던 길과, 토번(티베트)을 거쳐 히말라야 산맥을 넘어서 천축국의 북으로 들어가신, 현태 스님이 가셨던 길 중 어느 길이 나을까요?"

"육로는 끝없는 사막과 하늘에 닿을 듯한 산맥이 가로놓여 있으므로, 매우 험난한 여행을 해야 한다."

"그렇다면 바닷길로 가겠습니다. 신라에서 당나라로 올 때에도 뱃길을 이용해서 편하게 왔습니다. 의정 스님도 바닷길을 이용해서 천축국으로 가셨으니, 폭풍과 풍랑을 만

날지 모르지만 육로보다는 나을 것입니다."

혜초는 스승인 금강지가 건너온 바닷길을 거꾸로 잡아서 천축국으로 향하기로 결정했다.

"떠날 때에는 바닷길을 이용해서 천축국으로 들어가고, 당나라로 돌아올 때에는 사막의 길을 통과하는 육로를 선택할 생각입니다."

천축국을 향하여!

723년, 스무 살이 된 혜초는 스승인 금강지와 불공의 도움을 받아 천축국 여행 길에 올랐다.

혜초는 광주로 향했다. 그리고 그곳에 도착하자 천축국으로 가는 장삿배에 몸을 실었다. 기원전 3세기부터 중국 상인과 아라비아 상인들이 만나는 지점이었던 광주는 진시황제 때부터 중국의 대표적인 항구로 개척되었고, 남쪽으로 가는 첫 출발지였다.

"나는 이제 불교의 참뜻을 깨치기 위해 부처님이 태어나신 땅으로 간다. 어떠한 어려움이 있더라도 천축국에 가서 부처님의 말씀을 직접 듣고 배워 오고 말겠다!"

뱃길은 순조로웠지만, 배가 한번 항구에 닿으면 몇 달씩

중국의 낙산대불
중국 쓰촨성 러산시에 있는 대불로 세계 최대의 석각대불이다.
713년(개원 원년), 당시에 빈번하게 일어나던 수해를 막기 위해 해통 승려가 능운사에 인접한 절벽에 석상을 조각한 것이 시작이라고 한다. 강의 합류 지점에는 공사로 인해 떨어져 나간 대량의 토사 때문에, 강바닥이 얕아지고, 해통의 의도대로 수해는 대폭 감소되었다고 한다.

묵는 게 예사였다. 배가 항구에 닿을 때마다 상인들은 많은 물건들을 뭍으로 옮기고, 그 물건들이 다 팔려야 배에 올랐다. 몇 달씩 머물며 물건들을 팔았고, 그 지방의 물건들을 산 뒤에 많은 사람들을 배에 태웠다.

"참으로 지루한 여행 길이로구나."

혜초는 항구에 닿을 때마다 언제 떠날지 모르는 배 안에서 마냥 기다려야 하거나, 다른 배로 갈아타야만 했다.

여행은 1년 3개월이나 걸렸다. 도중에 배를 여러 번 갈아타고, 배 안에 타고 있는 사람들도 모두 말이 안 통하는 낯선 나라 사람들이 많아서 여간 힘들지가 않았다.

여러 나라를 두루 돌아다니면서 혜초가 가장 가슴 아프게 여긴 것은, 배가 항구에 닿을 때마다 아귀다툼처럼 벌어지는 상인들의 싸움이었다.

"내 물건에 비하면 당신 물건은 쓰레기에 불과해. 그런 물건을 누구한테 팔겠다는 거야?"

"자기 물건이 귀하면 남의 물건도 귀한 법인데, 당신 물건이 쓰레기 같으니까 남의 물건도 쓰레기로 보이는 게지!"

그런 데다 거지들이 우글거렸다.

"한푼만 주세요!"

"너무 배가 고파요. 먹을 것을 사 먹게 돈 좀 주세요!"

거지들은 만나는 사람들한테마다 손을 내밀며 구걸을 했다. 파리 떼처럼 몰려드는 거지들을 내쫓느라 관리들이 회초리를 휘둘렀다.

"저리 가! 저리 안 꺼져!"

"네 놈들한테는 한푼도 줄 수 없어! 당장 꺼져!"

회초리를 휘둘러도 거지들은 아픈 매를 맞으면서 흩어질 줄을 몰랐다. 병들고 굶주린 그들은 거의 넝마를 걸치고 있었고, 퀭한 눈은 먹을 것을 찾아 번득이고 있었다.

"누구나 귀한 생명으로 태어났건만, 왜 저 거지들은 저렇듯 비참한 삶을 살아야 하는가. 살아서 부처님을 모시는 우리가 어떻게 해야 인간의 고통을 모두 덜어 줄 수 있단 말인가."

"인간의 몸과 마음은 하나다. 저들이 비록 거지로 살망정, 석가모니의 가르침을 마음에 새긴다면 삶이 훨씬 덜 초라해질 텐데……."

하지만 배를 타고 가는 동안 인간의 능력에 크게 감탄하기도 했다.

"가도 가도 끝이 없는 바다 위에 배 한 척이 떠 있을 뿐이다. 동쪽도 모르고 서쪽도 분간할 수 없는 망망대해인데도, 인간은 배를 안전하게 몰아 수만 리 밖에 있는 목적지를 찾아가는구나."

혜초는 갖은 고생 끝에 마침내 천축국에 닿을 수 있었다. 723년에 돛단배를 타고 당나라를 떠난 혜초는, 동남아시아를 거쳐 725년에야 인도에 도착했던 것이다.

혜초는 바닷길로 중국을 떠나 인도의 동북 해안 어느 곳에 상륙하여, 오천축국 여행을 시작했다. 『왕오천축국전』의 앞부분이 사라졌기 때문에 이 바닷길 구간의 노정이나 상륙 지점은 알 수 없지만, 상륙한 후에 경유한 지방은 여행기 첫 부분에 남은 기록으로 미루어 짐작할 수 있다. 추정에 의하면, 첫 여행기는 폐사리국(吠舍釐國, 바이살리)이다.

'삼보(三寶)를…… 맨발에 알몸이다. 외도(外道)는 옷을 입

지 않는다. 땅은 모두 평평하고…… 노비가 없으며, 사람을 파는 죄와 사람을 죽이는 죄는 다르지 않다.'

바이샬리는 불교와 자이나교의 성지로서 특유의 관행이 유행했다. 붓타가 이곳에서 여러 번 설교를 한 바 있으며, 열반 후에 이곳에서 유명한 7백 인 집회가 거행되기도 하였다. 혜초 이전에 법현과 현장 등 도축 고승들(인도로 간 승려들), 그리고 당나라 사신인 왕현책도 이곳을 순례하였다고 한다.

혜초보다 600년 후인 14세기 전반에 니코바르 제도 일원(바라흐나카르)을 방문한, 아랍의 대여행가 이븐 바투타는 이곳 남자들을 '아무것도 가리지 않은 벌거숭이'라고 하며, '짐승처럼 내놓고 성행위를 하는 야만인들'이라고 적어 놓았다.

희망을 품고 찾아온 천축국이었지만, 막상 그곳에 도착한 혜초는 크게 실망하고 말았다.

"이토록 허망하게 불교가 무너졌다니, 불교가 처음 탄생

했던 이 땅에서 어떻게 불교가 이렇게 쇠퇴했단 말인가."

혜초는 가는 곳마다 불교가 아닌, 다른 종교가 성행하는 것을 보고 몹시 충격을 받았다.

"꿈에도 그리던 불교 유적지가 이렇게 형편없이 황폐해 졌다니, 가슴이 너무도 아프구나. 이렇게 황폐해진 유적지를 보기 위해 이 땅을 그토록 그려 왔단 말인가."

가도 가도 끝없는 길. 혜초는 걸음을 멈추지 않았고, 한 달을 걸어 쿠시나가라*의 땅에 닿았다.

"드디어 천 년 전에 석가모니가 세상을 떠난 곳에 도착했구나."

혜초는 석가모니가 고요히 눈감았던 그곳에 도착했다는 감격을 억누를 수가 없었다. 그러나 그곳에서도 불교는 많이 쇠퇴해 있었다.

"현장 법사가 이곳에 왔을 때에도 이미 황폐해 가는 절이 많았고, 의정 스님이 왔을 때에는 더 심각했다는 내용

쿠시나가라는 불교의 4대 성지로 숭상되는 곳으로, 오늘날에는 카시아라고 불린다.

을 책에서 읽었지만, 이 정도인 줄은 꿈에도 몰랐구나."

혜초는 탑 하나가 쓸쓸하게 서 있는 절을 찾아갔다.

"천축국 땅에서 불교는 영영 사라지는 것입니까?"

혜초는 마당을 쓸고 있는 선사에게 물었다. 선사는 빙그레 미소를 지었다.

"그럴 리가 있겠습니까. 불교가 이 땅에만 머문다면, 그건 부처님의 뜻이 아닙니다. 불법은 이 세상 모든 중생들에게 골고루 나눠져야 합니다. 지금 불법은 동쪽으로, 동쪽으로 여행을 떠났습니다. 세상은 둥글지요. 여행의 끝은 다시 이 땅입니다. 그 때는 지금보다 더 빛을 발할 것입니다."

선사의 말을 들은 혜초는 깨달음을 얻은 듯 고개를 끄덕였다.

"선사님의 말씀대로 불교는 천축국에서 당나라로, 당나라에서 고구려와 백제, 신라로, 그리고 일본으로 번창해 나갔습니다. 일본에서 또 동쪽으로 동쪽으로 불교가 퍼져

현장이 설법을 했던 고창 유적지
고창은 기원전 1세기에 건설되었고, 비단길의 중요한 도시였으나 14세기에 전쟁으로 파괴되었다. 가오 왕궁 유적은 도시 외곽에 있으며, 오늘날에도 볼 수 있다. 고창은 위구르로는 콰라호자라고 불리며, 위치는 신장의 투르판에서 30km 떨어져 있다. 고창은 서부 중국에서 교통의 허브로서 열쇠의 역할을 하였다.

나가 온 세상에 불교가 전파되면, 결국 다시 본래의 자리로 돌아올 수밖에 없겠지요. 그 때는 천축국뿐만 아니라 온 세상에 불교가 활짝 꽃필 것입니다."

"지금 겉으로는 황폐해 보일지 모르지만, 매년 4월 8일만 되면 스님과 여승과 도인, 그리고 일반인들이 이곳에 모여 불공을 드립니다. 그러면 하늘에서 깃발이 나타나 휘날리는데, 이것을 본 사람들은 부처님의 기적이라 하여, 하늘을 우러러 기도를 드리며 더욱 굳은 마음으로 불교를 믿습니다."

선사의 말을 듣고 난 뒤, 혜초는 무거웠던 여행 길이 훨씬 가벼워졌다.

"나보다 백 년 전에 쿠시나가라에 들렀던 현장이 이곳은 옛 성터의 둘레가 십여 리나 된다고 기록했지만, 지금은 성곽이 이미 무너지고, 읍리는 한산할 뿐만 아니라 사람조차 없구나."

쿠시나가라를 방문한 혜초는 그곳의 여러 가지를 자세히 기록했다.

'한 달 만에 구시나국(쿠시나가라)에 이르렀다. 부처님이 열반에 드신 곳이나, 성은 이미 황폐화되어 아무도 살지 않는다. 부처님이 열반하신 곳에 탑을 세웠는데, 한 선사가 그곳을 깨끗이 청소하고 있었다. 해마다 사월 초파일이 되면 남승과 여승, 도인과 속인들이 그곳에 모여 크게 공양 행사를 치르고는 한다. 탑 상공에는 깃발이 휘날리는데, 하도 많아서 그 수를 이루 다 헤아릴 수가 없다. 뭇사람들이 함께 그것을 우러러보니, 이 날을 맞아 보리심을 일으키는 자가 한둘이 아니다.

이 탑은 서쪽에 강 하나가 있는데, 이라발저 강이라고 한다. 이 강은 남쪽으로 이천 리를 흘러 항하(갠지스 강)로 들어간다. 이 탑에서 사방 먼 곳까지도 사람이 살지 않으며, 숲은 여지없이 거칠어졌다. 그래서 거기로 예배하러 가는 자들은 무소나 호랑이에 의해 해를 입기도 한다.

이 탑 동남쪽 삼십 리에 절이 하나 있는데, 사반단사라고 부른다. 거기에 삼사십 명이 사는 마을이 서너 개 있는데, 늘 절에 공양한다. 그 선사의 의복과 음식은 탑에 있는 것으로 공양하도록 되어 있다.'

쿠시나가라가 부처님이 열반하신 곳이라는 것은 틀림없는 사실이지만, 그곳이 어딘가에 관해서는 여러 설이 있다. 네팔 영내 카트만두 동쪽 30마일 지점에 있는 간다크 강과 소라프리 강의 합류처라고도 하고, 인도 영내 우타르프라데시주 데오리아 지방의 카시아 서남쪽 지점이라고 추측하기도 한다.

그런데 1877년에 카시아의 열반처 중심에서 불탑과 거대한 열반석상이 발굴되었고, 1904년 이후에 열반처임을 입증하는 많은 유물과 승원 유적들을 발견한 뒤로 카시아설이 현재의 통설이다.

혜초는 그곳을 떠나 다시 남쪽의 바라나시로 향했다.

"갠지스 강 유역에 위치한 오래된 도시로, 힌두교의 성지라는 곳이 여기로구나."

황금빛으로 칠해진 힌두교 사원들이 햇살을 받으며 찬란하게 빛나고 있었다.

"힌두교를 믿는 천축국 사람들은 평생 이곳을 찾는 것을 가장 큰 행운으로 믿고 있습니다."

"이곳에 한번 오기 위해 돈 한푼 안 쓰고 저축했다가, 죽기 전에 이곳을 찾는 사람도 많답니다."

"힌두교 신자들은 이곳을 세상에서 가장 성스러운 곳으로 여겨서 아침이면 해가 뜰 무렵에 이 강에서 해맞이를 하고, 양치질과 세수를 하며 소원이 이뤄지기를 기도합니다."

길에서 만난 힌두교 신자는 자랑스럽게 갠지스 강을 설명했다. 혜초가 도착했을 때, 많은 사람들이 시체를 장작 위에 올려놓고 불을 붙이고 있었다.

"불교에서 스님이 열반에 들면 다비식을 하듯이, 힌두교에서도 사람이 죽으면 불교와 같이 화장을 하는구나."

혜초는 화장이 끝나자 타다 남은 뼈를 강물에 흘려 보내는 사람들을 보며, 두 손을 모아 합장했다.

"힌두교인들은 죽으면 시신을 태워 성스러운 갠지스 강물에 띄워지는 것을 영광으로 여기고 있구나."

자이나교 동판
자이나교의 현자 중 한 사람인 아디나타와 다른 스물 세 명의 티르탄카라를 조각했다. 이들 사도의 최후 인물인 바르다마나 마하바라가 지나(승리자)라고 존칭되었다.(인도 구자라트주, 파로다미술관 소장)

혜초는 시체를 태운 재가 떠내려가는 강물에 목욕을 하고 심지어 양치질까지 하는 힌두교인들의 풍습을 오랫동안 지켜보았다.

혜초보다 먼저 이곳을 방문했던 현장은 이곳을 이렇게 묘사해 놓았다.

주위가 4천여 리나 되고, 도성은 서쪽으로 긍가강(갠지스강)에 면해 있으며, 길이는 18~19리, 너비는 5~6리나 된다. 마을 입구의 문이 즐비하고, 주민들이 번성하며, 집집이 다 큰 부자로 기화(奇貨)가 가득하다. 인성이 온화하고 학구열이 강하다. 외도를 많이 믿으며, 불법은 별로 공경하지 않는다. 가람이 30여 개소에 승도가 3천여 명이며, 소승 정량부 교법을 배우고 있다. 힌두교 사원이 백여 개나 되고, 외도가 만여 명이나 된다. 알몸에 옷을 입지 않고 몸에는 재를 바르며, 근면 고행을 한다.

"현장 법사가 찾아왔을 때에는 크게 번성한 나라였는데, 백 년도 지나지 않아서 내가 찾아온 지금은 이미 황폐하여 왕조조차 없구나."

혜초는 현장 법사가 『대당 서역기』에 썼던 내용을 떠올리며 붓을 집어 들었다.

'며칠 걸려 피라살나국에 이르렀으나, 이 나라 역시 황폐화되어 왕도 없다. 즉 여섯…… 구륜을 비롯한 그 다섯 비구의 소상(塑像)이 탑 안에 있는 것을 보았다. ……석주 위에 사자가 있다. 그 석주는 대단히 커서 다섯 아름이나 되지만,

무늬는 섬세하다. ……탑을 세울 때에 그 석주도 함께 만들었다. 절 이름은 달마작갈라다. 승려 ……외도는 옷을 입지 않고 몸에 재를 바르며, 대천(大天)을 섬긴다.'

혜초는 사르나트라는 곳으로 발길을 옮겼다. 그곳은 녹야원*이라고도 불리며, 석가모니가 크게 깨달은 바를 처음으로 설교했던 곳이다.

이 녹야원에서 석가모니는 처음으로 사람들을 가르쳤고, 처음으로 다섯 명의 제자를 얻었다. 그리고 그 후에 불교는 온 세상에 널리 퍼지기 시작했다.

녹야원의 내력에 대해서는 다음과 같은 전설이 전해져 오고

> 녹야원은 석가모니가 그곳에서 처음 불교의 가르침을 펼 때, 사슴들이 뛰놀고 있었다고 해서 녹야원이라고 불렀다. 석가가 서른다섯 살에 성도(成道)한 후에 최초로 설법을 개시한 곳이며, 이 때 아야다교진여(阿若多憍陳如) 등 5명의 비구(比丘)를 제도(濟度)하였다고 한다. 탄생(룸비니)·성도(부다가야)·입멸(쿠시나가라)의 땅과 더불어 불교의 4대 성지 중 하나로 일컬어지며, 다메크 탑을 비롯하여 많은 불교 유적과 사원·박물관 등이 여러 곳에 남아 있다. 박물관에는 아소카와 석주두(石柱頭)를 비롯하여 많은 유품들이 소장되어 있는데, 특히 네 마리의 사자상으로 된 주두는 인도 미술 최고의 걸작으로 마우리아 기(期)에 속하는, 가장 오래된 유물이다.

있다.

'옛날 이 근처에 우거진 숲이 있었는데, 각각 오백 마리 정도인 사슴 두 무리가 살고 있었다. 하루는 국왕이 사냥을 나가자, 한 사슴 떼의 왕이 국왕에게 한꺼번에 사냥할 것이 아니라 하루에 한 마리씩 사냥하면 국왕은 신선한 것을 먹을 수 있고, 또 사슴들은 생명을 연장할 수 있으니 서로가 좋지 않겠느냐고 제안했다. 국왕은 그대로 하기로 하였다. 어느 날 새끼를 밴 암사슴이 자기가 죽을 차례가 되자, 자기가 속한 무리의 왕에게 뱃속의 새끼는 아직 죽을 차례가 아니니 미루어 달라고 간청했으나 거절당하고 말았다. 그래서 이웃 사슴 떼의 왕에게 가서 같은 간청을 하니, 그 왕은 "아, 이것이 어미의 자비심이로구나. 어미의 은혜는 태어나지 않은 새끼에게도 미치고 있구나. 좋다, 내가 너 대신 희생하겠다."라고 하면서, 곧바로 수도로 가서는 궁전 문 앞에 서서 대신 죽여 달라고 하였다. 이 말을 들은 국왕은 크게 감탄하면서, "아, 훌륭한 마음씨로구나. 너는 사슴의 모양을 한 인간이고, 반대로 나는 인간의 허울을 쓴 사슴이다."라고 하였다. 그 후로는 어명으로 이 숲에서 사슴 사냥이 금지되고, 모든 사슴들이 해방되었다. 그래서 이곳을 녹야원(사슴들이 노니는 동산)이라고 부르게 되었다. 그리고 그 어진 사슴의 왕은 전생에 보살로서 수행을 닦을 때의 석가고, 또 그 비정한 사슴의 왕은 석가를 죽이려던 악한 데바닷타라고 한다.'

"그 옛날, 현장 법사가 이곳에 도착했을 때에도 큰 절이 있었고, 승려 수도 천오백 명이 넘었다고 했는데, 다행히 아직 절이 있고 승려들도 많이 있구나."

혜초는 그곳에 아직도 불교의 힘이 사라지지 않았다는 것을 알고 기뻐했다. 그러나 이내 실망하고 말았다.

녹야원에는 아직 유적이 남아 있었지만, 천축국 정부에서 옛날 모습을 되살리기 위해 일부러 사슴을 기르고 있었던 것이다.

혜초는 녹야원을 떠나 다시 동쪽으로 걸음을 옮겼다. 그리고 부다가야의 땅에 도착했다.

"이곳은 석가모니가 처음으로 인생의 뜻을 깨달았다는 곳이다. 불교가 처음으로 생겨난 고장이니 참으로 감회가 새롭구나."

혜초는 보리수가 우거진 사방을 둘러보았다.

그 보리수는 겨울이나 여름에 상관없이 늘 푸르지만, 석가모니가 세상을 떠난 날에는 잎이 모두 시든다고 한다.

"이 자리가 석가모니가 크게 깨달음을 얻었다는 자리로구나."

혜초는 큼직한 보리수 아래에 돌을 깎아서 만든, 금강좌라는 단 앞에서 두 손을 모으고 경건하게 불공을 올렸다.

또 석가모니를 기념하여 하늘 높이 세운, 보리사라는 절에도 찾아가 보았다.

"이곳을 찾아보는 것이 가장 큰 소원이었는데, 오늘에야 그 소원을 풀었구나."

혜초는 그곳의 느낌을 자세히 기록했다.

'이 절 안에는 한 구의 금동상이 있다. 오백…… 이 마게타국에는 옛적에 왕이 한 명 있었는데, 시라표저(尸羅票底)라고 하였다. 그가 이 상과 함께 금동 법륜도 만들었는데…… 테두리가 반듯하고 30여 보나 된다.

이 성은 갠지스 강을 굽어볼 수 있는 북안(北岸)에 위치해 있다. 바로 이 녹야원과 부시나, 사성, 마라보리 등 4대 영탑이 마게타국 왕의 영역 안에 있다. 이 나라에서는 대승과 소승이 함께 행해지고 있다. 급기야 마하보리사에 도착하고 나니, 내 본래의 소원에 맞지라 무척 기뻤다. 내 이러한 뜻을 대충 오언시로 엮어 본다.

보리사를 멀다고 근심할 것 없었는데

녹야원이 먼들 어찌하리오.

다만 멀고 험한 길이 근심이 되나

불어닥치는 악업의 바람은 두렵지 않네.

여덟 개의 탑을 보기 어려움은

여러 차례의 큰 불에 타 버렸음이라.

어찌하여 사람들의 소원을 들어줄거나

오늘 아침부터 이 눈으로 똑똑히 보오리.'

코끼리가 지키는 나라

 혜초는 다시 갠지스 강을 서북쪽으로 거슬러 올라가 끝없는 여행 길에 올랐다.
 천축국은 워낙 면적이 넓었다. 나라를 동서남북, 그리고 중, 이렇게 다섯으로 나누어 동천축·서천축·남천축·북천축·중천축으로 불렀다. 이를 오천축이라고 했다.
 혜초는 파라나시국에서 서쪽으로 두 달을 걸어 중천축국에 도착했다.
 중천축의 서울인 카나우지에는 임금이 살고 있었다.
 "중천축국은 인구가 많고 왕이 코끼리를 9백 마리나 갖고 있다고 하니, 오천축 중에서도 가장 큰 도시로구나."
 왕은 거동할 때마다 제일 좋은 코끼리 등에 황금 안장을 깔고, 햇살을 막는 일산을 받치고 나섰다.

"천축국에서 코끼리는 참으로 여러 방면에 쓰이는 동물이로다. 코끼리는 힘이 세고 성질이 온순하니, 힘센 일꾼 몫을 단단히 하고 있어."

티베트의 기도하는 여인
티베트는 현재 중국의 일부(시짱 자치구)다. 관점에 따라서는 일부가 인도에 포함되기도 하며, 중화민국(타이완)에서는 공식적인 자국 영토로 주장하기도 한다.

혜초는 짐을 나르고 농사를 돕는 코끼리를 보면서 감탄을 했다.

힘은 장사인데도 사람 말을 잘 들을 뿐만 아니라, 제아무리 작은 말뚝에 끈을 묶어 놔도 그 말뚝을 뽑고 움직일 생각을 하지 않는 것이 너무도 신기했다.

"어려서부터 사람 손에 길들여진 코끼리는 말뚝에 고삐를 묶으면, 그냥 그 자리에 머물러 있어야 된다고 생각하고 꼼짝하지 않습니다."

 코끼리를 모는 인부가 혜초에게 코끼리에 대해 자세히 설명해 주었다. 힘센 코끼리가 그토록 성격이 온순하다는 것이 믿어지지 않았다.

 "코끼리는 믿음직스럽고 영리해서, 전쟁할 때에는 군사들이 코끼리를 타고서 활을 쏘기도 하고 창을 던지기도 한다더니 그 말이 사실이로구나."

 혜초는 왕뿐만 아니라 신하들도 코끼리를 2~3백 마리 정도씩 갖고 있다는 말도 들었다.

 "중천축국의 왕은 몸소 군대를 이끌고 나가 이웃 나라와 싸우기를 좋아한다더니, 코끼리가 많으면 항상 승리할 수 있겠구나."

 중천축국을 탐내는 나라에서, 막상 중천축국에 코끼리가 몹시 많다는 것을 알고는 싸우기도 전에 항복하는 경우도 많았다고 한다. 이웃 나라와 전쟁을 하면 늘 이기기 때문에, 이웃 나라에서는 싸움을 피하거나 조공을 바치며 강화

조약을 맺기도 했다.

 이러한 중천축국에도 석가모니의 발자취가 많이 남아 있었다. 혜초는 석가모니가 설법을 하고 다녔던 곳, 승려가 많은 큰 절, 불교의 연구가 활발한 곳을 두루 찾아다녔다. 그러나 돌아다니는 곳마다 불교의 유적들은 한결같이 황폐해 있었다.

 이 나라 안에 있는 가비야라국은 부처가 태어난 곳으로 룸비니라고도 하는데, 어머니인 마야 부인이 부처를 순산한 무우수(근심이 없는 나무)가 있었다.

 혜초는 그렇게 곳곳을 돌아다니며 불교 유적지에 대한 기록은 물론, 사람들의 생활이나 풍속 같은 것도 자세히 적었다.

 "귀찮아할 게 아니라 자세히 기록을 해 놓으면 다음에 여행하는 사람들에게 크게 도움이 될 것이고, 내게도 기념이 될 것이다."

'중천축국.

다시 이 피라날사국에서 서쪽으로 두 달 걸려서 중천축국 왕의 거성에 이르렀는데, 그 성 이름은 갈나급자다. 중천축국의 강역(江域)은 무척 넓으며, 백성도 번성했다. 왕은 구백 마리의 코끼리를 소유하고 있으며, 다른 대수령들도 각각 이삼백 마리씩 거느리고 있다. 왕은 매번 친히 병마를 거느리고 싸움을 한다. 항상 다른 네 천축국과 싸움을 하는데, 늘 중천축국 왕이 이기고는 한다. 그 나라들의 관행에 따르면, 스스로 코끼리가 적고 병력도 적은 줄 알면 곧 화친을 청하고는 세금을 바치며, 서로 싸우거나 죽이지는 않는다.'

중천축국의 위치나 경계는 명확하지 않다. 천축은 불교가 중국에 유입된 후, 인도에 대해 관심이 높아지면서 3~5세기에 중국인들이 고대 인도에 붙인 이름이다. 그 어원은 인더스 강을 일컫는 옛 페르시아어인 '헨뚜', 아니면 미얀마어인 '턴뚜'에서 유래하였다고 한다.

그런데 천축을 동서남북과 가운데의 다섯 부분, 즉 5천축으로 나누어 밝힌 것은 혜초의 여행기가 최초라고 한다. 고대 인도의 지리에 관한 문헌 기록을 보면, 인도를 7부나 9부로 나누는 경우는 있어도 5부로 나눈 적은 없다.

혜초가 말한 중천축국은 카냐쿱자라는 곳으로 현재의 북인도에 해당된다. 그곳은 갠지스 강의 동쪽에 자리 잡았던 것으로 보인다. 혜초가 방문했을 당시의 통치자는 야소바르만으로, 통치하는 영역이 꽤 넓었다.

현장은 이 도성을 곡녀성이라고 하였는데, 그렇게 이름붙인 데는 다음과 같은 전설이 전해지고 있다.

'옛날 이 나라 왕에게는 왕자가 천 명이 있었고, 딸도 백 명이나 있었다. 그 무렵에 갠지스 강가에는 나이가 수만 살이나 되고 말라빠진 나무 같은, 대수 선인(大樹仙人)이 살고 있었다. 어느 날 이 선인은 강가에서 노는 공주를 보자 애욕이 생겨, 왕궁으로 찾아가 딸 하나를 아내로 맞이하게 해 달

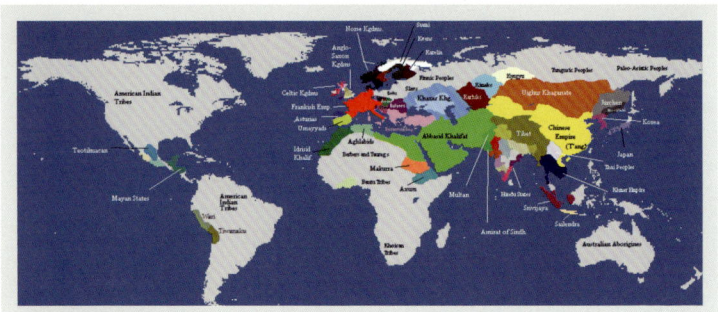

티베트의 지도
820년경의 세계. 티베트는 중국(노랑색) 남쪽의 짙은 녹색으로 표시되어 있다. 티베트는 중국과 인도 사이에 위치해 있으나, 히말라야 산맥과 티베트 고원에 둘러싸여 외부에 잘 알려지지 않았다.

라고 요청했다. 왕이 여러 딸에게 사연을 설명했으나 허락하는 딸이 없었다. 선인의 요청이라 거절할 수도 없는 지경이라 왕은 몹시 난처했다. 그 때 가장 나이가 어린 딸이 자청하고 나섰다. 왕이 이 어린 딸을 데리고 선인한테로 갔더니, 선인은 불같이 화를 내며 어째서 가장 어린 것을 데려왔느냐고 하며 호통을 쳤다. 왕은 할 수 없이 사실대로 말했다. 그러자 선인은 "그렇다면 그 나머지 계집들 아흔아홉 명의 허리를 굽게 해서 아무에게도 시집을 못 가게 하겠다."라고 엄포를 놓고 주문을 외웠다. 놀란 왕이 황급히 왕궁으로 돌아와 보니 딸들의 허리가 모두 굽어 있었다. 그래서 그 뒤로부터 이곳을 '곡녀성', 즉 '굽은 여인의 성'이라고 불렀다고 한다.'

혜초는 가 보지 않은, 다른 천축국의 풍속을 중천축국의 전문에 기술하기도 했다.

'오천축국 풍속.
의복이나 언어, 풍속, 법률은 오천축국이 서로 비슷하다. 다만 남천축국 시골 사람들의 말이 좀 다르나, 벼슬아치들의 말은 중천축국 말과 다르지 않다. 오천축국 법에는 목에 칼을 씌우거나 매질을 하거나 투옥하는 일이 없다. 죄가 있는 자에게는 벌금을 물리는데, 죄의 무겁고 가벼움에 따라 액수를 정한다. 그러나 사형에 처하는 일은 결코 없다.
위로는 왕으로부터 아래로는 백성에 이르기까지 사냥을 하는 일도 없다. 동물을 한 생명으로 생각하여 귀중하게 여기기 때문이다.

길에는 많은 도적들이 득실거리지만, 그들은 물건을 빼앗을 뿐 목숨을 노리지는 않는다.

날씨가 몹시 무더워서 온갖 화초가 일 년 내내 푸르다. 서리가 내리지 않고 눈이 내리는 일도 없다. 음식으로는 쌀로 빚은 떡과 곡식 가루·우유·소금 등이 있으며, 장이 없다. 모두 흙을 구워 만든 솥에 밥을 지어 먹는다.

백성은 특별히 세금을 바친다거나 부역을 나가 일할 의무가 없다. 다만 추수한 곡식의 얼마를 왕에게 바칠 뿐이다. 그런데 백성이 그 곡식을 왕에게 실어다 주는 것이 아니라 왕의 관리들이 와서 실어 간다.

이 나라에는 일반적으로 가난한 사람들이 많고 부자가 적다. 왕이나 귀족, 벼슬아치, 부자들은 집에 양탄자를 깔고 사치스러운 생활을 한다. 그러나 가난한 사람들은 집도 없이 아무 곳에서나 잠을 자는 경우가 많다. 왕과 관리를 비롯한 부자들은 전포(모직물로 된 천)로 만든 옷 한 벌을 입고,

일반 사람들은 아랫도리 한 가지만 입으며, 가난한 사람들은 그나마도 반 조각만 입는다. 그것은 남자나 여자 모두 마찬가지다.

왕은 언제나 나랏일을 보살피는 관청에 나와 일을 한다. 재판할 일이 있으면 신하와 백성들이 왕을 둘러싸고 옳고 그름을 따진다. 이 때 서로 자기 고집을 내세우다가 싸움이 일어나기 일쑤다. 그래도 왕은 결코 화를 내지 않는다. 그 자리에 모인 사람들의 의견을 끝까지 들어 보고 판결을 내릴 뿐이다.

"네가 옳고, 네가 틀렸다!"

왕이 그런 판결을 내리면 모두들 잠잠해지고, 다시는 그 판결을 놓고 왈가왈부하지 않는다.

왕과 벼슬아치들은 어딜 가든 걸상을 가지고 다니면서, 그 걸상에만 앉는다. 그러나 왕이나 신하, 벼슬아치들은 부처님을 매우 숭상한다. 그리고 승려도 존중한다.

그래서 승려를 만나면 왕이나 벼슬아치들도 모두 걸상에 앉지 않고 땅바닥에 앉는다.

큰 건물은 절과 왕궁뿐이다. 모두 3층으로 된 건물인데 아래층은 창고고, 위의 두 층에는 사람이 산다. 높은 관리들의 집도 보통 그렇게 지어졌다.

천축국의 산물로는 양탄자, 코끼리, 말 따위가 있다. 금과 은은 나지 않는다. 가축을 기르지 않지만, 젖을 얻기 위해 소는 기른다. 그런데 소는 거의가 하얀 털이고, 만 마리에 한 마리 정도만 붉거나 검은 소다. 양은 왕만 약간 갖고 있다. 대체로 이곳 사람들은 가축을 죽이지 않는다. 그래서 고기를 파는 가게도 없다.'

혜초는 중천축국의 4대 탑에 대해서 기록하는 것도 잊지 않았다.

'이 중천축국에서는 대승과 소승이 함께 행해진다. 바로 이 중천축국 경내에 네 개의 큰 탑이 있는데, 세 개는 항하 강

북안에 있다. 첫째는 사위국 급고원에 있는데, 절이 있고 승려도 있는 것을 보았다. 둘째는 비야리성 암라원에 있는데, 거기서 탑은 봤으나 절은 황폐해져 있고,

티베트의 조캉 사원
티베트 자치구의 수도인 라싸에 있는 티베트 불교 사원이다. 티베트를 통일한 토번(티베트) 왕조의 제33대인 송챈감포 왕이 641년, 당나라 태종의 조카딸인 문성공주가 시집을 오자 맞이하기 위해 7세기에 건립하였다고 한다.

승려도 없었다. 셋째는 가비야라국에 있는데, 그곳이 바로 불타가 태어난 성이다. 거기서 무우수(無憂樹)는 봤으나 성은 이미 폐허가 되어 있었다. 탑은 있으나 승려는 없고, 백성도 없다. 이 성은 중천축국의 가장 북쪽에 자리하고 있는데, 숲이 많아 황막해지고 길가에는 도적이 득실거려, 그곳으로 가는 예배자들은 대단히 어렵게 목적지에 당도한다. 넷째는 삼도보계(불교에서 전해 오는 전설 중 하나) 탑으로 중천축국 왕의 거성에서 서쪽으로 7일 거리의, 두 항하 사

이에 있다. 여기는 부처님이 도리천으로부터 삼도보계가 만들어지자, 염부제(閻浮提)로 내려온 곳이다. 삼도보계는 왼쪽 길을 금으로, 오른쪽 길을 은으로, 가운데 길을 폐유리로 장식하였다. 부처님은 가운데 길로, 범왕은 왼쪽 길로, 제석(帝釋)은 오른쪽 길로 부처님을 모시고 내려와 바로 이곳에 탑을 세웠다. 절이 있고 승려도 있는 것을 보았다.'

중천축국을 샅샅이 돌아다닌 혜초는 남쪽으로 석 달 남짓 걸어서 남천축(지금의 데칸 고원 쪽)에 도착했다.
혜초가 도착한 남천축은 불교가 성한 지역인데 영토가 넓고, 말만 다를 뿐 여러 풍습이 중천축국과 비슷했다.
"남천축국은 불교가 성한 지방이로구나. 영토가 넓고 말씨는 중천축국과 조금 다르지만, 풍속은 대부분 비슷해."
혜초는 남천축국의 한 절을 찾아갔다.
그 절은 돌산에 굴을 파고 돌기둥을 세워서 3층으로 지은 돌절이었다.

"용수보살이 부처님의 힘을 빌려서 지었다고 하는데, 사방이 각각 삼백 걸음이나 되는 큰 절입니다."

혜초를 안내한 그 사람은 그 절에 대해 여러 가지를 설명했다.

"용수보살이 살아 있을 때에는 삼천 명의 중이 득실거렸다고 합니다."

"매일 필요한 공양미도 어마어마했겠습니다."

"그래도 쌀이 떨어지는 일은 절대 없었고, 아무리 먹어도 쌀이 줄어들지 않았다고 합니다."

"그런데 지금은 절이 폐허가 되고, 스님의 모습도 찾아볼 수가 없군요."

그곳의 기후는 유난히 무더웠다.

"더위에 쓰러질 지경이다. 고향 생각이 절로 나는구나."

기진맥진해진 혜초는 간신히 붓을 들어 그곳의 여러 가지를 종이에 적었다.

네팔의 수도인 카트만두의 정경
스와얌부나트 사원에서 바라본 카트만두 시내 정경.

'중천축국에서 곧바로 남쪽으로 석 달 남짓 가면 남천축국 왕이 사는 곳에 이른다. 왕은 코끼리 8백 마리를 소유하고 있다. 영토가 매우 넓어서 남쪽으로는 남해에, 동쪽으로는 동해에, 서쪽으로는 서해에 이르며, 북쪽으로는 중천축국과 서천축국, 동천축국 등의 나라들과 경계가 맞닿아 있다.

의복과 음식, 풍속은 중천축국과 비슷하다. 다만 언어가 좀 다르고, 기후는 중천축국보다 덥다. 그곳 산물로는 무명, 천, 코끼리, 물소, 황소가 있다. 양도 조금 있으나 낙타나 노새, 당나귀 따위는 없다. 논은 있으나 기장이나 조 등은 없다. 풀솜이나 비단 같은 것은 오천축국 어디에도 없다. 왕과 수령, 백성들은 삼보를 지극히 공경하여 절이 많고 승려도 많으며, 대승과 소승이 더불어 행해진다.

카투만두의 시내

그곳 산중에 큰 절이 하나 있는데, 그것은 용수보살이 야차신을 시켜 지은 것이지 사람이 지은 것이 아니다. 산을 뚫어 기둥을 세우고 삼층짜리 누각으로 지었는데, 사방의 둘레가 삼백여 보나 된다. 용수 생전에는 절에 삼천 명의 승려가 있었고, 공양미만도 열다섯 섬이나 되어 매일 삼천 명의 승려들을 공양하였다. 그래도 쌀이 바닥나는 일이 없었고, 써도 다시 생기고는 하여 원래의 양이 줄어들지를 않았다. 그러나 지금은 이 절이 황폐해져 승려가 없다. 용수는 나이 7백이 되어서야 비로소 입적하였다. 때마침 남천축국의 여행길에서 하고 싶은 말을 오언으로 이렇게 읊었다.

달 밝은 밤에 고향 길을 바라보니
뜬구름은 너울너울 돌아가네.
그 편에 감히 편지 한 장 부쳐 보지만
바람이 거세어 화답이 안 들리는구나.
내 나라는 하늘가 북쪽에 있고
남의 나라는 땅 끝 서쪽에 있네.
일남(日南, 오늘날의 베트남 중부를 지칭한 고대어로, 남해의 출발 항구)에는 기러기마저 없으니
그 누가 계림(鷄林)으로 날아가리.'

현장은 『대당 서역기』에 그곳을 '마가랄차국' 이라고 하면서,

순방한 뒤에 현지 견문록에 이렇게 기록해 놓았다. 당시의 국왕은 풀라케신 2세(재위 610~642)였다.

'둘레가 6천여 리나 되고 나라 안에 큰 도시가 있으며, 서쪽은 바다에 면해 있다. 땅이 기름지고 곡식이 풍성하며, 기온은 온화하고 풍속은 순박하다. 용사 수백 명을 양성하여 결전에 내보내는데, 모두 술에 취한 채 그들 중 한 사람이 선봉에 서면 다른 사람들이 그 뒤를 따른다. 코끼리 수백 마리도 전장에 나가는데, 그놈들 역시 술을 마시고 맹위를 떨치면 당할 자가 없다. 왕은 이렇게 사람과 코끼리들을 데리고 인접국들을 능멸하고는 한다.'

오천축국을 위협하는 마호메트

혜초는 다시 서북쪽으로 걸음을 옮겼고, 두 달이 걸려서 서천축국에 도달했다.

그곳은 인더스 강이 흐르는 지방으로, 천축국에서 문명이 가장 먼저 일어난 곳이기도 했다. 그리고 보리와 밀, 콩 등 작물이 많이 나왔으며, 다른 나라의 영향을 받아 은으로 돈을 만들어 사용하고 있었다.

그러나 다른 나라 사람들이 육지를 통해 천축국으로 들어오는 길목인 탓에, 항상 다른 민족의 침략을 끊임없이 받아야 했다.

이 나라 왕도 오륙백 마리의 코끼리를 가지고 있었다. 혜초가 이곳에 다다랐을 때에도 대식(아랍 민족)의 침략을

티베트 라싸의 포탈라궁
해발 3,700미터로 티베트 자치구의 라싸에 위치하고 있다. 1642년에 제5대 달라이라마에 의해 티베트 왕조 간덴 왕국이 성립된 후, 그 본거지로서 티베트의 중심지인 라싸의 언덕 위에 10여 년에 걸쳐서 건설된 궁전이다.

받고 있었다. 마침 대식 민족 가운데 마호메트란 사람이 회교라는 종교를 일으켰다. 대식 민족은 회교의 깃발 아래 통일을 하고 난 뒤, 동쪽으로는 페르시아를 공격해서 그 나라 사람들에게 회교를 믿게 하고, 동쪽으로 뻗어 나가기 위해 안간힘을 쓰고 있었다.

"마호메트교가 생겨난 지 백 년도 안 되었건만 이미 천축국에까지 그 세력을 뻗치고 있다니, 참으로 힘이 강한 종교로구나. 종교를 퍼뜨리기 위해 전쟁까지 일으키다니……."

회교는 그 세력을 넓히기 위해 천축국까지 침략했고, 그 탓에 서천축국은 많이 파괴되어 있었다. 그러나 아직 불교가 성했고, 절도 여러 곳에 있었다.

"이 지방 사람들은 노래를 잘하는 특색을 지녔구나."

혜초는 어느 동네를 찾아가도 아름다운 노랫소리가 들려오는 그 지방을 자세히 기록했다.

'다시 남천축국에서 북쪽으로 두 달을 가면 서천축국 왕의 거성에 이른다. 이 서천축국 왕도 오륙백 마리의 코끼리를 가지고 있다.

이 땅에서 나는 산물로는 모직물과 천·은·코끼리·말·양·소가 있고, 보리와 밀·콩 따위도 많이 난다. 하지만 벼는 아주 적다. 빵과 보릿가루·젖·치즈·버터기름을 많이 먹으며, 매매는 은전이나 모직물·천 따위로 한다. 왕과 수령, 백성들은 삼보를 지극히 존경하여 믿는다. 절이 많고 승려도 많으며, 대승과 소승이 함께 행해지고 있다.

땅이 매우 넓어서 서쪽으로는 서해에 이른다. 이 나라 사람들은 노래를 대단히 잘 부르는데, 여타 사천축국은 이 나라만큼 못하다. 또한 목에 칼을 씌우거나 곤장을 안기거나 감옥에 가두거나 화형에 처하는 일은 없다. 지금은 대식(아랍)의 내침으로 나라의 절반이 파괴되었다. 또한 오천축국 사람들은 출타할 때에 양식을 갖고 다니지 않아도, 가는 곳마다 구걸만 하면 먹을 것이 생긴다. 단, 왕과 수령들은 출타할 때에 스스로 양식을 가지고 다니며, 백성들이 마련한 것은 먹지 아니한다.'

혜초가 서천축국을 떠나 북천축국의 서울인 잘란다라에 도착한 것은 3개월 후였다.

'사란달라국(잘란다라).

또 서천축국에서 북쪽으로 석 달 남짓 가면 북천축국에 이르는데, 이름을 사란달라국이라고 한다. 왕은 코끼리 삼백 마리를 가지고 있으며, 산에 의지해 성을 쌓고 거기에서 살고 있다. 여기서부터 북쪽으로는 차츰 산이 있어서 나라가 협소하다. 병마도 많지 않아서 늘 중천축국이나 사겹미라국에 먹히고는 하다 보니 산에 의지해 살게 되었다. 풍속과 의상·언어는 중천축국과 다르지 않으나, 기후는 중천축국보다 좀 추운 편이다. 여기도 서리나 눈은 없지만, 바람이 불어서 춥다. 이 땅에서 나는 것으로는 코끼리·모직물·천·벼·맥류가 있고, 당나귀와 노새는 적다. 이 나라에서 왕은 말 백 필을, 수령들은 네댓 필을 가지고 있지만, 백성들은 전혀 가지고 있지 않다. 서쪽은 평야고 동쪽은 설산(히말라야 산)과 가깝다. 나라 안에는 절이 많고 승려도 많으며, 대승과 소승이 함께 행해지고 있다.'

혜초는 다시 한 달을 걸어 설산을 넘어서 동쪽에 있는 작은 나라, 소발나구달라국(지금의 카슈미르의 스리나가르 지방)에 도착했다. 그리고 다시 서쪽으로 한 달에 걸쳐 탁사국(지금의 파키스탄 펀자브 지방)에 이르렀다. 또 탁사국에서 한 달을 걸어서 신두고라국(오늘날의 라지푸타나〔영국의 지배하에 있을 때 인도의 한 행정구〕로 짐작)에 이르렀다.

그리고 그곳에 있는 나게라타나(나가라다나)라는 절을 찾아갔다가, 그 절에서 당나라 승려 한 명이 생을 마쳤다는 말을 들었다.

"그분은 덕망이 높고 학식이 깊으신 분으로, 불교의 가르침이나 불교에 관한 책을 많이 알고 계셨습니다."

그 절의 승려는 당나라 승려 이야기를 들려주었다.

"그분은 천축국에서 생활을 마치고 당나라로 떠나려 하셨는데, 갑자기 병이 나서 그만 세상을 뜨고 말았습니다."

그 말을 들은 혜초는 인생의 허무함과 세상의 덧없음을

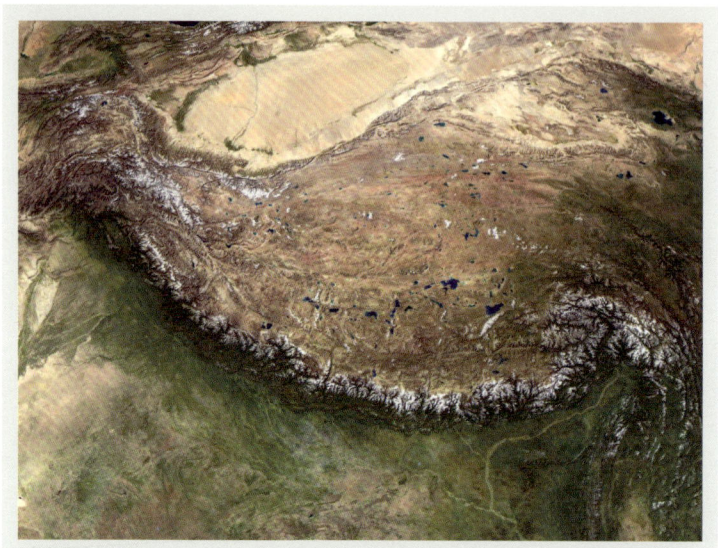

히말라야 산맥
히말라야 산맥은 아시아의 산맥으로 인도 반도와 티베트 고원 사이에 놓여 있다. 넓게는 히말라야 산맥과 이어진 카라코람 산맥과 힌두쿠시 산맥 및 파미르 고원의 여러 산맥을 포함해서 말하기도 한다. 에베레스트 산을 비롯해 14개의 8,000미터 봉우리가 모두 이곳에 모여 있다. '세계의 지붕'이라 일컬으며, 히말라야는 산스크리트어로 '눈이 사는 곳'이란 뜻이다.

느끼며 붓을 집어 들었다.

'다시 탁사국에서 서쪽으로 한 달을 가면 신두고라국에 이른다. 의복과 풍습·절기·기후 등은 북천축국과 비슷하나, 언어는 좀 다르다. 이 나라에는 낙타가 대단히 흔하며, 사람들은 젖과 버터를 즐겨 먹는다. 왕과 백성들이 삼보를 크게 경배하니, 절이 많고 승려도 많다. 순정리론(順正理論)을 찬술한 중현 논사가 바로 이 나라 사람이다. 이 나라에는 대 승과 소승이 함께 행해지고 있다. 지금은 대식(아랍)이 침 략해 나라의 절반이 손상을 입었다.

이 나라를 비롯해 오천축국 사람들은 술을 많이 마시지 않 는다. 오천축국을 두루 돌아다녔지만 술에 취해서 서로 치 고 받는 자들은 별로 보지 못했다.

설령 마셨다 하더라도 의기나 좀 양양해지고 기운이나 좀 얻 을 뿐, 노래하고 춤을 추며 떠들썩하게 술자리를 벌이는 자 는 보지 못하였다.

다시 북천축국에서…… 절 하나가 있는데, 이름이 다마삼마 나라고 한다. 부처님이 살아 계실 때에 이곳에 오셔서 설법 을 하시고, 사람과 하늘을 널리 제도하셨다. 절의 동쪽 골짜 기에 있는 샘물 가에 탑이 하나 있는데, 부처님이 깎은 머리 카락과 손발톱이 이 탑 속에 있다. 여기에는 삼백여 명의 스님들이 있다. 절에는 대벽지불의 이와 뼈 사리 등이 있다.
또한 일고여덟 개의 절이 더 있는데, 절마다 사람들이 오륙
백 명씩이나 되며, 불법을 대단히 잘 간수하여 지니고 있다.
왕과 백성들은 삼보를 대단히 경신(敬信)한다.

산중에는 절이 또 하나 있는데 이름은 나게라타나(나가라다
나)라고 하며, 여기에 중국인 승려 한 분이 계셨다. 그는 이
절에서 입적하셨다.

그 절 대덕이 말하기를, 그 승려는 중천축국에서 왔으며, 삼
장(三藏)의 성스러운 가르침을 환히 습득하고 고향으로 돌
아가려고 하다가, 갑자기 병이 나서 그만 천화(遷化)하고 말
았다고 하였다.

그 때 이 말을 듣고 너무나 상심하여, 사운(四韻)의 오언 율
시를 적어 그의 저승길을 슬퍼하였다.

고향의 등불은 주인을 잃고
타향의 보물 나무는 꺾였으니

신령은 그 어드메로 갔는가.
옥 같던 용모는 이미 재가 되었구나.
생각하니 가엾고 애절토다.
그대 소원 못 이룸이 섧구나.
그 누가 고향 가는 길 알리오.
흰구름만 덧없이 떠돌아 가네.'

 북으로 향할수록 당나라가 가까워지고 있었다. 혜초는 북천축을 떠나 북쪽의 캐시미르 지방으로 향했다.
 "이제 머잖아 당나라로 향할 수 있으니, 참으로 감회가 새롭구나."
 혜초는 쉬지 않고 걸음을 재촉했고, 그 다음에 도착한 곳은 가섭미라국(카슈미르)이었다.
 "이 나라 왕은 코끼리를 몇 마리나 가지고 있나요?"
 "삼백 마리 정도 가지고 있습니다. 그리고 산 속에서 살고 있습니다."

"왜 산 속에 살고 있지요?"

"길이 험해서 다른 나라의 침략을 피할 수 있으니까요."

"인구가 대단히 많은 것 같습니다."

"예, 나라는 조금 큰 편이지만 인구가 많아서 가난한 자가 많고, 부자는 적습니다."

그 나라에서 왕과 수령들은 외출할 때에 코끼리를 타고 다녔다. 낮은 벼슬아치들은 말을 타고, 가난한 백성은 걸어 다녔다.

"나라 안에는 절이 많고, 승려도 그만큼 많구나."

혜초는 다른 곳과 달리, 그곳에는 아직도 부처를 믿는 사람들이 많은 것을 보고 마음이 흡족했다. 특이한 점은 절이 많은데, 그 절들은 한 집안의 것이 아니라 개개인이 지었다는 것이다. 그러니까 왕과 왕비, 왕자 등이 모두 따로따로 절을 지었던 것이다.

"각자의 공덕이 다른데 어찌하여 함께 절을 짓겠습니까?"

문성공주
문성공주는 당 태종의 조카딸로 토번이라 일컫는 티베트 송챈감포 왕의 두 번째 황후다. 640년에 당을 떠나 그 다음해에 티베트에 도착하여, 평화 조약의 일부로 알루 왕 송챈감포와 국혼을 치렀다. 문성공주는 독실한 불교 신자였으며, 송챈감포의 첫 번째 황후인 '브리쿠티 데비'와 함께 티베트에 불교를 소개했다고 전한다.(브리쿠티 데비 황후[왼쪽], 송챈감포 왕[가운데], 문성공주[오른쪽])

누군가가 절을 짓고 싶으면, 왕에게 보고할 필요 없이 곧바로 절을 지었다. 왕은 절을 짓는 것을 막으면 벌을 받는다고 여기며, 절대 막지 않았다. 혜초는 평지보다 산이 더 많은 그 나라에 대해 자세히 기록했다.

'다시 여기서 북쪽으로 보름을 가서 산 속으로 들어가면 가미라국(카슈미)에 이른다. 이 가미라도 역시 북천축국에 속하는데, 이 나라는 조금 큰 편이다. 왕은 코끼리 3백 마리를 가지고 산 속에서 산다. 길이 험악하여 외국의 침략을 받지 않는다. 인구는 대단히 많으나 가난한 자가 많고, 부자는 적다. 왕과 수령, 그리고 여러 부자들의 의복은 중천축과 별로 다르지 않다.

그 밖의 백성들은 모두 펠트를 걸쳐서 추한 곳을 가린다. 이 땅에는 구리, 철, 모직물, 천, 펠트, 소, 양 등이 난다. 그리고 코끼리, 작은 말, 멥쌀, 포도 같은 것도 있다.

땅은 몹시 추워서 앞에서 말한 나라들과 같지 않다.
가을에는 서리가 내리고, 겨울에는 눈이 내린다.
여름에는 장마가 지고, 갖가지 풀들이 내내 푸르다가 잎이 시들어, 겨울이 되면 다 말라 버린다.
내와 골짜기는 협소하다.
남북은 닷새 여정, 동서는 하루 보행 거리로 평지가 끝나며, 나머지는 산으로 뒤덮여 있다. 가옥은 널빤지로 지붕을 씌우고, 풀이나 기와는 쓰지 않는다. 왕과 수령 및 백성들은 삼보를 매우 공경한다.

나라 안에는 용지(지금의 카슈미르 분지 최대의 호수인 불라르 호수를 말함)가 하나 있는데, 그 용왕은 매일 나한승(羅漢僧)만 공양하는 것이 아니다. 아무도 그 성승들이 식사하는 것을 본 적은 없지만, 일단 재가 끝나기만 하면 빵과 밥이 물 속에서 물 위로 잇달아 떠오르는 것을 볼 수 있다. 이것으로써 (용왕이 공양한다는 것을) 알 수 있다. 공양은 지금까지도 끊이지 않고 계속된다. 외출할 때에 왕과 대수령들은 코끼리를 타고 낮은 벼슬아치들은 말을 타지만, 백성들은 모두 걸어 다닌다. 나라 안에는 절이 많고 승려도 많으며, 대승과 소승을 함께 행한다.

오천축국에서는 위로 국왕과 왕비, 왕자에 이르기까지, 아래로 수령과 그의 처에 이르기까지 능력에 따라 각자 절을 짓는데, 서로 따로 짓지 함께 짓지는 않는다. 그들은 '각자의 공덕인데 어찌하여 함께 지어야 하는가'라고 말한다.

이것은 이미 그럴 법한 일로 되어서, 나머지 왕자들도 그렇게 따라 한다. 무릇 절을 지어 공양하는 것은 마을과 백성들에게 은혜를 베풀어, 삼보를 공양하도록 함이다. 헛되이 절만 짓고 백성들에게 은혜를 베풀지 않는 일은 없다.

외국(천축국)에서는 왕과 왕비가 각기 따로따로 마을과 백성을 가지고 있는 법이다.

왕자와 수령들도 각기 백성을 가지고 있는데, 보시는 자유여서 왕에게 묻지 않는다. 절을 짓는 것도 그렇다. 지어야 한다면 곧바로 짓지 굳이 왕에게 묻지 않으며, 왕 역시 죄를 받을까 봐 두려워서 감히 막지 못한다.

만약 백성을 많이 거느리고 있다면 마을에 대한 보시는 없지만, 절은 힘써 짓는다. 몸소 경영하여 얻은 재물은 삼보에 공양한다.

오천축국에서는 사람을 팔지 않으며, 노비도 없다. 그래서 백성과 마을에 반드시 보시를 해야 한다.'

여러 여행가들의 기록에 의하면, 카슈미르의 지세는 대단히 험준하다.

『대당 서역기』에는 이 나라의 둘레가 7천 리나 되고, 사방이 험준한 산으로 에워싸인 좁다란 통로뿐이어서, 인근 적들이 도저히 공략할 수 없었다고 기술하고 있다.

『오공행기』에도 이 나라는 사방이 산으로 외곽을 이루고 있어서 동은 토번, 북은 발률, 서는 건타라로 통하는 세 갈래의 길과 그 밖의 길 하나가 더 있을 뿐이나, 그마저도 항시 차단되어 있다고 전한다.

이러한 난공불락의 자연지세는 이 나라의 안정과 번영을 보장하는 유리한 여건이었다.

혜초가 이 나라에서 보았다는 용지(龍池)는 스리나가르에서 서북쪽으로 35킬로미터 지점에 있는, 카슈미르 분지 최대의 호수인 블라르 호수라고 한다.

용은 예로부터 카슈미르 지방의 수호신으로 샘이나 호수, 내 등 물 속에 산다고 한다. 사람의 머리를 한 뱀이 사람의 형상으

중국의 백마사
중국 최초의 절로서 인도에서 전래된 불교를 인근 국가에 전파시키는 역할을 했다. 후한 때인 서기 67년에 인도 승려인 가섭마등·축법란 등이 명제(明帝)의 사신인 채음의 간청으로 불상과 경전을 흰말에 싣고 뤄양에 들어오자, 명제가 불교를 신봉하여 8년 후에 이 절을 세우고 백마사라 불렀다.

로 나타나는데, 화가 나면 큰비와 눈, 우박을 내려 곡물을 망쳐 놓는다고 한다.

　혜초가 방문했을 당시, '오천축국에서는 사람을 팔지 않으며 노비도 없다'라고 기록한 것이 과연 사실인가 하는 의문이 제기되기도 한다. 불전을 비롯한 여러 사적에서 확인할 수 있듯이, 고대 인도 사회에도 엄격한 노예 제도가 있었기 때문이다. 혜초가 그렇게 기록한 것은 혜초 자신이 독실한 불교도로서 인도를 미화했을 수도 있고, 또 바쁜 여행 길에 인도 사회를 깊이 이해할 수 없는 데서 비롯된 착오였다고 평하기도 한다.

가까워지는 당나라

 유난히 산이 험준하고 절이 많은 가섭미라국을 출발한 혜초는 다시 동남쪽으로 발길을 돌렸다. 그리고 산을 사이에 두고 보름 정도 걸어서 도착한 나라는 대발률국이었다.
 그 다음에 혜초가 찾은 나라는 토번국(티베트)이었다.
 "이 나라는 얼어붙은 산, 눈 덮인 산과 계곡밖에 안 보이는구나."
 사람들은 천막을 치고 살았는데, 그들은 가축을 기르며 물과 풀을 따라 이동했다.
 "이 나라는 불법도 모르고 절간도 없구나."
 혜초는 사람들이 부처에 대해 아무것도 모르고, 절 또한 없다는 것을 확인하고 크게 실망했다. 그런데 기겁을 한 일은, 그 나라 사람들은 이를 잡으면 그 이를 모조리 먹어 치운다는 사실이었다.

"참으로 이해 못할 일이로구나. 그 지저분한 이를 왜 먹는단 말인가."

'이보다 더 동쪽에 있는 토번국은 순전히 얼어붙은 산, 눈 덮인 산과 계곡 사이에 있는데, 사람들은 전(氈)으로 만든 천막을 치고 산다. 성곽이나 가옥은 없으며 사는 곳은 돌궐과 비슷한 바, 물과 풀을 따라 이동한다. 이 나라 왕은 비록 한 곳에 거처하기는 하나, 역시 성곽도 없이 그저 전으로 만든 천막에 의지하는데, 그것을 큰 재산으로 여긴다. 땅에서는 양, 말, 묘우(야크), 모포, 베 따위가 생산된다. 의상은 털옷과 베옷, 가죽옷인데 여자들도 그렇다. 다른 나라와 달리 지대가 아주 춥다. 집에서는 늘 보릿가루 음식을 먹고, 떡과 밥은 적게 먹는다. 국왕이나 백성들이 모두 불법을 알지 못하며, 절간도 없다. 거개가 땅을 뚫어 구덩이를 만들고는 거기에 누워 자므로, 침상이 따로 없다. 사람들이 대단히 까맣고, 흰 사람은 아주 드물다. 언어는 다른 여러 나라와 다르다. 털옷과 베옷을 입기 때문에 서캐와 이가 대단히 많은데, 이를 잡기만 하면 곧바로 입 속에 넣고 끝까지 버리지 않는다.'

토번(티베트)의 건국사에 관해서는 여러 가지 설이 있다. 토번사에 명확한 기록이 남아 있는 손챈감포 왕 이전에 이미 초대 왕인 앙사찬보(또는 니지찬박)로부터 31대가 계승되었으며, 손챈감포(제32대) 대에 와서 비로소 불교 왕국이 건립되었다. 13세에 등극한 손챈감포는 국력을 크게 신장시켜 인도 서북부와 니파라, 서역 제국을 점령하고 토욕혼을 병탄한 후, 농우까지 접근해 당나라를 위협하였다. 당 태종은 문성공주를 손챈감포에게 출가시켜 양국간의 화해를 도모했으며, 이것이 토번이 불교와 당의 문화를 받아들여 성운(盛運)을 맞게 된 계기가 되었다. 문무 제도를 갖추고 번성하던 토번은 당 의종 함통 7년(866)에 이르러 당나라에 의해 멸망하였다.

일설에는 당 태종의 문성공주가 시집오면서 차를 가져왔는데, 결국 그 차로 인해 멸망의 길을 걷게 되었다고도 한다. 티베트 사람들은 영양 보충을 위해 차가 절실하게 필요했고, 당나라에서는 그 사실을 노리고 비싼 값에 차를 파는 대신 티베트의 말을 싼값에 사들이기 시작했다. 결국 수많은 말과 재물이 헐값으로 팔려갔고, 점차 힘을 잃은 티베트는 멸망의 길을 걷게 되었다고 한다.

명사산의 모래 언덕
중국 신장 웨이우얼 자치구 바리쿤에 위치한 산. 끝없이 펼쳐지는 명사산의 모습. 쑹수탕의 류탸오허 동쪽에 위치한 모래산으로, 서쪽은 302번 국도에 인접해 있다.

혜초가 그 다음에 도착한 나라는 소발률국(오늘날의 길기트)이었다.

'다시 가섭미라국에서 북서쪽으로 산을 넘어 이레를 가면 소발률국에 이른다. 이 나라는 중국의 관할 아래에 있다. 의상이나 풍속, 음식, 언어는 대발률국과 비슷하다. 전으로 지은 웃옷과 가죽신을 신고, 수염과 머리를 깎는다. 머리에는 면포 한 장을 두르며, 여인들은 머리를 기른다. 가난한 자가 많고, 부자는 적다. 산천이 협소하여 농사는 많이 짓지 않는다. 그곳 산은 초췌하고 스산한데, 원래부터 나무와 다양한 풀이 없었다. 대발률은 본래 소발률 왕이 살던 곳인데, 토번이 내침하자 왕이 소발률국에 들어가 주저앉았다. 수령과 백성들은 거의 대발률국에 남은 채 따라오지 않았다.'

소발률국은 고구려의 후예로서 당나라 장수로 활약했던 고선지와도 연관이 깊은 곳이다. 고선지는 군사를 이끌고 다르코

트 정상을 넘어서 소발률국 왕궁이 있는 아노월에 도착해, 대발률국이 소발률국을 지원하지 못하도록 아노월성 남방 12리 지점의 계곡 절벽에 아슬아슬하게 걸려 있는 등나무 다리를 잘라 버렸다.

그 다리는 토번과 대발률국 사이의 교통로상 중간 지점에 위치해 있었는데, 고선지는 소발률국 왕에게 대발률국을 공격하기 위해 잠시 길을 빌리는 것뿐이라고 거짓 요구를 한 뒤, 아노월성으로 들어가 그 나라를 멸망시켜 버렸다.

이미 지칠 대로 지친 상태였지만 혜초는 여행을 멈추지 않았다.

"힘들게 떠나와서 여기까지 왔다. 여기에서 멈춘다면 지금껏 고생한 일은 모조리 헛일이 된다."

혜초는 지친 몸을 다시 추슬렀다.

"내가 남긴 기록이 훗날 더 많은 사람들로 하여금 이곳을 여행하게 할 것이다. 내 발자취를 따라 이곳에 올 사람들을 위해서라도 힘을 내야 한다."

 혜초는 다시 한 달 가량을 걸어서 건타라국(간다라, 지금의 아프가니스탄 카불 지방에서 인더스 강까지 지역의 동부에 해당)에 도착했다. 그 나라 왕과 군사는 모두 돌궐인이었다. 돌궐의 왕인 아야가 한 부락의 군대를 이끌고 투항했는데, 돌궐 병력이 점차 강해지자 그곳의 왕을 죽이고 스스로 왕의 자리에 올랐던 것이다.

 "이 나라 왕은 다른 나라의 왕에 비해 코끼리 숫자가 적구나. 고작 다섯 마리밖에 없으니."

 코끼리 숫자는 적었지만, 양과 말의 숫자는 그 수를 헤아릴 수 없을 만큼 많았다.

 "남쪽으로 가면 길이 험악하고 강도들이 득실거립니다."

 사람들은 혜초를 걱정했다.

 "그렇다면 북쪽으로 가면 되지 않겠습니까?"

 "북쪽에도 악업을 일삼는 자들이 많고, 시장과 가게에서 도살하는 일이 너무도 흔하다고 합니다."

"저는 부처님을 모시는 승려입니다. 이 나라 사람들은 삼보를 매우 경신하고 왕과 왕비, 수령들 모두 저마다 절을 지어 삼보를 공양하는데, 승려인 저를 함부로 다루지는 않을 것입니다."

혜초는 걱정하는 사람들을 안심시켰다. 그런데 특이한 점은, 그 나라 왕은 해마다 두 차례씩 무차대재(無遮大齋)를 열어 몸에 지니고 애용하던 물건과 부인, 코끼리, 말 등을 시주하는 것이었다. 단, 부인과 코끼리는 승려들에게 가격을 매기게 하고서 도로 찾아왔다. 그리고 낙타와 말·금은·의복·가구는 승려들로 하여금 매각하게 하여, 그 돈으로 생활하도록 했다.

사람들의 우려와 달리, 혜초는 무사히 오장국(우디아나 강 상류의 펀자브 이북, 수브하바스투 강 양안에 위치)에 도착했다.

'다시 건타라국에서 정북쪽으로 산에 들어가 사흘을 가면 오

사막을 건너는 낙타
사막의 배라고도 불리며, 일주일간 물을 안 먹고도 견딜 수 있어서 사막 여행에는 필수적이다.

장국에 이른다. 그곳 사람들은 스스로를 울지인나라고 부른다. 이 나라 왕은 삼보를 크게 공경하고, 백성과 마을 사람들은 많은 분량을 절에 시주하여 공양하며, 집에는 적은 분량만 남겨 두고서 (스님들에게) 의식(衣食)으로 공양한다. 재를 올려 공양하는 것은 매일의 일상사다. 절이 많고 승려도 많은데, 승려는 속인들보다도 약간 더 많으며, 오로지 대승법만이 행해진다. 의상과 음식, 풍속은 건타라국과 비슷하나 언어는 같지 않다. 이 땅에는 낙타·노새·양·말·모직물 따위가 흔하며, 날씨는 매우 춥다.'

혜초는 간다라국에서 정북향으로 사흘을 가서 오장국에 이르렀다고 적었고, 『대당 서역기』에는 우다반다프라에서 북쪽으로 산과 강을 넘어 6백여 리를 가면 오장국에 도착한다고 기록했다. 여러 명의 중국 승려들이 이곳을 방문했는데 개중 가장 먼저 갔던 사람은 법현이고, 다음은 송운, 현장 순서였다. 현장은 『대당 서역기』에 '이곳은 옛날에 불교가 상당히 성행했으나 지금은 이미 사양길에 접어들어, 수브하바스투 강을 끼고 1,400개소나 있던 가람이 대부분 폐허가 되었고, 18,000명에 이르던 승려들도 그 수가 점차 줄어들었다.' 라고 기록했다. 그러니까 혜초가 방문했을 당시에는 다시 불교가 부흥했던 것으로 추측된다.

그 뒤로도 혜초의 여행은 계속되었다. 구위국(사마라자), 람파국(람파카), 계빈국(카피시), 사율국(자불리스탄), 범인국(바미얀), 토화라국(토카리스탄), 파사국(페르시아)을 거쳐 대식국(아랍) 땅에 도착했다.

"오천축국을 위협하던 대식국이 어떤 나라인지 궁금했는데, 마침내 도착했구나."

혜초는 그 나라에 대해 여러 가지가 궁금했다.

"밥은 귀천을 가리지 않고 다 같이 한 그릇에서 먹습니다. 수저와 젓가락을 쓰기도 하지만, 자기 손으로 직접 음식을 집어 먹어야 복을 얻는다고 믿습니다."

그곳 사람들은 먼 나라에서 찾아온 혜초를 신기해 하면서도 여러 가지를 알려 주었다.

'다시 파사국에서 북쪽으로 열흘을 가서 산으로 들어가면 대식국(아랍)에 이른다. 대식국 왕은 본국에 살지 않고 소불림국(지금의 시리아 일원)에 가서 살기는 하는데, 소불림국을 쳐서 얻기 위해서 그곳의 산 많은 섬에 가서 살기도 한다. 처소로서는 대단히 견고해서 왕이 그렇게 한다.

이 땅에서는 낙타·노새·양·말·모직물·모포가 나며, 보물도 있다. 의상은 가는 모직으로 만든 헐렁한 적삼을 입고, 또 그 위에 모직 천 한 장을 걸친다. 이것을 겉옷으로 한다. 왕과 백성의 의상은 한가지로 구별이 없다. 여자도 헐렁한 적삼을 입는다. 남자는 머리는 깎으나 수염은 그대로 두며, 여자는 머리를 기른다.

식사는 귀천을 가리지 않고 다 같이 한 그릇에서 먹는다. 손에 숟가락과 젓가락도 들었으나 보기에 매우 흉하다. 자기 손으로 집은 것을 먹어야 무한한 복을 얻는다고 한다. 이 나라 사람들은 살생을 좋아하고, 하늘을 섬기지만 불법은 알지 못한다. 이 나라 관행에는 무릎을 꿇고 절하는 법이 없다.'

소불림국에서 다시 서북쪽으로 향하면 대불림국(지금의

터키 일원에 자리했던 동로마 제국〔비잔틴 제국〕)이었다. 그 뒤에 호국에 도착한 혜초는 신기한 풍습을 구경했다.

"이곳의 결혼 풍속은 대단히 고약스럽구나. 혼인을 막 뒤섞어서 하고 있질 않은가. 어머니나 누이를 아내로 삼기도 하니 참으로 혼란스럽다."

그것만이 아니었다. 토화라국을 비롯해 계빈국이나 범인국, 사율국 등에서는 형제가 열 명이건 다섯 명이건 상관없이 공동으로 한 명의 아내를 얻었다. 각자가 부인을 얻는 것이 허용되지 않고 있었던 것이다.

"여러 형제가 한 여자를 아내로 삼고 사는 것은 집안 살림이 파탄되는 것이 두려워서입니다."

혜초는 어머니나 누이를 아내로 삼는 그 나라의 최근친혼을 '대단히 고약한 풍속'이라고 질타했다. 최근친혼은 페르시아의 조로아스터교 신봉자들을 비롯해 일부 민족들 속에서도 유행한, 일종의 혼인 제도다. 최근친혼을 비롯한 근친혼은 여러 민족들 속에서 혈통이나 종교의 순수성을 유지하고, 혼인 비용에 의한 재화의 족외 유출을 방지하며, 여자의 사향심(思鄕心)을 달래기 위함이었다고 한다.

중국 귀원선사 나한당
중국 후베이성 우한에 위치한 사찰. 불교 선종 사원. 5백 나한상 하나하나가 다른 모습을 하고 있다.

또한 여럿이 한 여인을 아내로 삼는 '일처다부 제도'는 중앙아시아에서 성행했다. 『수서』〈서역전〉에 의하면 토하라국에서는 형제가 한 명의 아내를 거느리는데, 방사(房事)가 있을 때면 방 밖에 옷을 걸어 표지하며, 여자가 낳은 자식은 형에게 속했다. 만약에 형제가 없으면 여자는 각이 하나인 모자를 쓰고, 형제가 여럿이면 그 숫자만큼 각이 달린 모자를 쓴다고 기록되어 있다.

『통전』〈토하라조〉에도 이와 유사한 기록이 있다.

'토하라에는 남자가 많고 여자가 적기 때문에 형제가 한 아내를 두고 사는데, 부인은 남편이 다섯이면 목에 각 다섯 개를 걸고, 열 명이면 열 개를 건다고 한다. 남자는 형제가 없으면 다른 남자와 의형제를 맺어서 아내를 맞이하는데, 그렇게 하지 않으면 평생토록 홀아비로 살아야 한다.'

혜초는 발하나국(페르가나)과 골탈국(쿠탈)을 거쳐 돌궐(투르크)에 도착했다.

그리고 그곳에서 반가운 얼굴을 만났다. 바로 천축국으로 향하던 중국 사신을 만난 것이었다.

"참으로 오랜만에 귀에 익은 중국 말을 들으니 정말 행복합니다."

혜초는 마치 오랜만에 벗을 만난 듯, 그 사신과 함께 많은 이야기를 주고받았다.

"어떤 나라는 대식(아랍)의 공격으로, 왕은 물론이고 백성들이 모두 성을 버린 채 떠나 버려서 나라가 텅 비어 있다고도 하는데, 이곳까지 무사히 도착하셨다니 부처님의 가호가 크십니다."

"천축국 사람들 중에는 대식의 공격이 무서워, 밤이고 낮이고 집 밖으로 나오는 걸 두려워하는 이들도 많았습니다. 다행히 소승은 부처님의 가호를 받아서 별 위험 없이 지날 수가 있었지요."

"이렇게 먼 타향에서 스님을 만나 뵈니 마치 고향의 벗을 만난 것처럼 편안하고 반갑습니다."

두 사람은 많은 이야기를 주고받았다. 그러나 헤어지지 않으면 안 되었다.

"뜻이 통하는 사람과 헤어지기란 참으로 서글픈 일입니다."

"그렇지요. 그러나 연이 닿는다면 언젠가 다시 만나 뵐 날이 오겠지요."

두 사람은 아쉬움을 뒤로한 채 헤어졌다.

'다시 토하라국에서 동쪽으로 7일을 가면 호밀(와칸) 왕의 거성에 이른다. 마침 토하라에서 (호밀국으로) 올 때에 이 역에 들어가는 중국 사신을 만났다. 이에 간략하게 사운체 오언시를 지었다.

그대는 서쪽 이역이 멀다고 원망하고
나는 동쪽 길이 멀다고 탄식하노라.
길은 험하고 눈 쌓인 산마루 아스라한데
험한 골짜기엔 도적 떼가 길을 트누나.
새도 날다가 가파른 산에 짐짓 놀라고
사람은 기우뚱한 다리 건너기 어렵네.
평생 눈물을 훔쳐 본 적 없는 나건만
오늘만은 하염없는 눈물 뿌리는구나.

겨울 어느 날, 토하라에서 눈을 만난 소회를 오언시로 읊어 보았다.

차디찬 눈이 얼음까지 끌어 모으고

찬바람 땅이 갈라져라 매섭게 부는구나.

망망대해는 얼어붙어 단을 깔아 놓은 듯

강물은 제멋대로 벼랑을 갉아먹는구나.

용문엔 폭포수마저 얼어 끊기고

우물 테두리는 도사린 뱀처럼 얼었구나.

불을 벗삼아 층층 오르며 노래한다마는

과연 저 파미르 고원을 넘을 수 있을는지.

호밀 왕은 군사가 적고 약해 스스로를 지켜 낼 수가 없어서 대식의 관할 아래에 있게 되었으며, 해마다 비단 3천 필을 세금으로 보낸다. 주거가 산골짜기다 보니 사는 곳이 협소하고, 가난한 백성들이 많다. 의상은 가축의 가죽 외투와 모직 상의며, 왕은 비단과 모직 옷을 입는다. 빵과 보릿가루만을 먹는다. 이곳의 추위는 다른 나라들보다 더 극심하다. 언어도 다른 나라들과 같지 않다. 양과 소가 나는데, 아주 작

중국 소림사의 탑
바로 옆에 있는 탑들은 소림사 역대 선사들의 묘. 묘와 석탑들이 숲의 나무처럼 서 있다.

고 크지 않다. 말과 노새도 있다. 승려가 있고 절도 있으며, 소승법이 행해진다. 왕과 수령, 백성들 모두가 불교를 섬기며 외도에 귀의하지 않는다. 그리하여 이 나라에는 외도가 없다. 남자는 모두 수염과 머리를 깎으나, 여자는 머리를 기른다. 주거가 산 속이기는 하나, 이곳 산에는 나무와 물, 심지어 이러저러한 풀조차 없다.'

혜초가 식닉국(쉬그난)을 거쳐 도착한 곳은 총령진(파미르 고원)이었다. 배를 타고 당나라를 출발했지만, 돌아갈 때에는 육로를 통해 파미르 고원을 지나서 당나라로 들어가려 했다.

그러나 당나라에 도착하려면 타클라마칸 사막*(중국 신장〔新疆〕웨이우얼〔維吾爾〕자치구 서부, 타림 분지에 있는 사막)을 횡단해야 했다. 타클라마칸 사막은 실크 로드 상인들이 목숨을 걸고 넘나들던 곳이었고, 하루 밤낮을 달려도 오아시스를 발견하기 힘든 불모의 땅이었다.

혜초는 마지막 기운을 내어 고륵국(카슈가르), 구차국(쿠차), 우기국(호찬)을 거쳐서 당나라의 안서 도호부 치소가 있던 안서에 도착했다.

"이제 당나라 땅이 점점 가까워지고 있구나!"

'개원 15년(727) 11월 상순(양력으로 12월 18일에서 27일 사이)에 안서에 도착하였는데, 그 때의 절도사는 조군이었다. 또한 안서에는 중국인 승려가 주지로 있는 절이 두 곳

> 타클라마칸 사막은 뤄부포호 서쪽을 가리키며, 중국에서는 타커라마간 사막이라고 한다. 높이 100m 안팎의 크고 작은 사구가 이어지고, 사구가 바람에 밀려 이동하기 때문에 예로부터 교통의 큰 장애가 되었다. 타클라마칸이란 위구르어로 '들어가면 나올 수 없는'이라는 뜻이다. 뤄부포호 동쪽은 암석 사막인데, 바이룽두이라고 한다. 겨울에는 혹한, 여름에는 혹서로 유명하다.

있고, 대승법이 행해지고 있으며, 고기는 먹지 않는다. 대운사 사주인 수행은 강설에 능란한데, 전에는 경사의 칠보대사 승려였다. 대운사의 의초라는 도유나(都維那)는 율장(律藏)을 잘 아는데, 왕년에는 경사의 장엄사 승려였다. 명운이란 대운사 상좌는 불도를 크게 닦았는데, 역시 경사의 승려였다. 이들 승려들은 대단히 훌륭한 주지들로서, 불교를 믿는 마음이 대단하고 공덕을 쌓기에 열심이다. 법해라는 용흥사 사주는 중국인으로서 안서에서 태어났지만, 학식과 풍격(風格)이 중국 본토인과 다르지 않다.

우기에도 용흥사라는 중국 절이 하나 있는데, ……라고 하는 중국 승려가 있다. 그는 사주로서 대단히 훌륭한 주지다. 이 승려는 하북 기주 분이다. 소륵에도 중국 절인 대운사가 있는데, 한 중국 승려가 주지로 있다. 그는 민주 분이다.'

혜초가 이곳에 도착한 것은 당나라를 출발한 지 3년이 지난 뒤였다.

혜초는 그 뒤에 언기국(카라샤르)에 도착했다.

'다시 안서에서 동쪽으로 ……가면 언기국에 이른다. 여기에도 중국 군대가 주둔하고 있다. 왕이 있으며, 백성은 호인들이다. 절이 많고 승려도 많으며, 소승법이 행해지고 있다. ……이것이 곧 안서 4진인데, 이름을 꼽으면 첫째 안서, 둘째 우기, 셋째 소륵, 넷째 언기다. ……중국식대로 안에 치마를 입는다.'

다시 돌아온 당나라 땅

혜초는 사막을 건너는 동안 수없이 죽음의 두려움에 휩싸이고는 했다. 그러나 수많은 어려움을 모두 이겨 내고 무사히 당나라에 도착했다.

"드디어 당나라 땅에 도착했구나! 내가 천축국과 주변 여러 나라를 두루 돌아다니고, 마침내 당나라로 돌아왔어!"

그 때가 729년, 그의 나이 스물네 살 때였으며, 당나라를 출발한 지 5년 만의 일이었다.

혜초는 오천축국을 여행했을 뿐만 아니라 이란·아라비아·시리아 등 중앙아시아 제국들을 방문하였으며, 파미르 고원을 넘어 당나라 장안으로 돌아왔던 것이다.

중국 무한에 있는 동호기념관의 무희들
무한 기념관의 그림으로 무희들은 금발·녹안·흰 살결의 뛰어난 미모를 지닌 여인들로, 호선무를 추고 있는 그림이다.

당나라에는 혜초 외에도 인도를 다녀온 승려들이 많았다. 그러나 그들은 거의 모두 천축국의 상류 사회와 접촉했을 뿐이었다. 그들은 불타가 탄생한 성지인 천축국을 미화하려 애쓴 데 비해, 혜초는 주로 평민들과 접촉하면서 철학적인 면에 치중했다.

"비현실적이며 역사 의식이 부족한 천축국의 사회를 그대로 기록하려면, 귀족보다는 평민들과 많은 접촉을 해야 한다."

이렇게 여긴 혜초는 그 시대의 서역과 인도의 정세, 역사, 문화를 바로 이해할 수 있도록 주로 평민과 많은 접촉을 했다.

천축국의 여행을 끝내고 당나라로 돌아오자 금강지와 불공이 몹시 반겼다.

"그래, 많이 구경하고 돌아왔느냐?"

"사원은 있으나 스님이 없는 빈 곳이 있는가 하면, 어느 큰 사원에는 승려가 3천 명이 넘어서 공양미가 매일 열다섯 섬이나 필요한 바람에 유지하기 어렵게 된 곳도 있었습니다. 또한 북방에는 사원과 승려 및 신자들이 많아서, 절에서 공사가 있을 때에는 아내와 코끼리까지 절에 시주하는 독실한 신자도 있었습니다. 어떤 나라는 옷을 입지 않고 살고, 간장이 없고 소금만 있으며, 여러 형제가 아내 한 사람과 사는 일처다부제의 풍습이 있는 곳도 있고, 살생하지 않는 곳, 흙솥에 밥을 짓는 곳, 참으로 다양했습니다."

"다른 승려들은 귀족들과 지내며 편하게 여행을 했지만, 혜초는 진심으로 힘없는 사람들의 생활을 가까이서 두 눈으로 똑똑하게 보고 돌아왔구나."

"부처님의 발길이 닿은 곳은 편안하고 사치스러운 곳이 아니라 힘없고 가난한 백성들이 사는 곳이라 여기고, 부처님의 발자취를 찾아다녔을 뿐입니다."

"당나라 사람들은 서역 지방 사람들을 미개인 취급하는데, 과연 직접 가 보니까 어떻더냐?"

"옷을 하나도 걸치지 않고 다니거나 몸에 재를 바르고 다니는 사람들, 어머니와 누이동생을 아내로 맞이하는 부족들, 산나물로 목숨을 연명해 가는 사람들, 모두 살아가는 모습은 우리와 달랐습니다. 그러나 저는 그 사람들에게서 보살과 극락의 모습을 발견했습니다. 누구나 잘못했더라도 벌금만 물릴 뿐 때리거나 죽이는 형벌이 없는 나라가 많고, 한 나라의 왕도 수행자를 보면 땅바닥에 내려앉아 법을 청했습니다. 신분의 귀천을 따지지 않으며 살생을 좋아하지 않는 곳도 있었고, 술에 취해 비틀거리는 사람이 전혀 없는 나라도 많았습니다. 나와 다르다고 해서 어찌 그들을 미개하다고 할 수 있겠습니까?"

"이제부터는 더 열심히 부처님의 말씀을 세상에 널리 퍼뜨려야 할 것이다. 배운 지식을 지혜로 풀어 설법을 편다면, 훨씬 더 쉽고 빠르게 중생 교화를 이룰 수 있지 않겠느냐. 참으로 할 일이 태산 같구나."

"스승님의 말씀을 항상 기억하며, 보고 배운 것을 지혜로 풀어 중생 교화에 힘쓰도록 하겠습니다."

그 날부터 혜초는 눈코 뜰 새 없이 바쁘게 지냈다.

"언젠가는 고국인 신라로 돌아가야 한다. 그러려면 더 많은 것을 배우고 깨우치지 않으면 안 된다."

금강지는 혜초에게 많은 일을 맡겼다. 할 일이 많은 나머지 오천축국을 돌아다니면서 기록해 놓은 것들을 정리할 틈이 없었다. 혜초는 천축국을 돌아다니면서 보고 듣고 느낀 것들을 정리해 놓았다. 그러나 중요한 것만 적어 놓고 자세한 내용은 당나라로 돌아와 정리할 계획이었는데, 바빠서 그 일에 손을 댈 틈이 없을 정도였던 것이다.

"정리되지 않은 그 기록이라도 좀 보여 주시오. 영 궁금해서……."

불문이 혜초의 여행기를 보여 달라고 부탁했다.

"바빠서 정리하지도 못한 채 그대로 팽개쳐져 있는데, 뭘 보여 달라는 것입니까? 나중에 보여 드리겠습니다."

그러나 불문은 끝까지 혜초의 여행기를 보여 달라고 졸랐고, 혜초는 마지못해 중요한 요점만 정리된 글을 보여 주었다.

"참으로 발로 쓴 기록이오. 어디 한 군데 소홀함이 없이 꼼꼼하게 보고 살핀 글이니, 마치 눈앞에서 보고 있는 듯하오."

불문은 감탄하며 혜초의 여행기를 칭찬했다. 그 뒤로 수

베제크리크 천불동의 소조불상
서유기로 유명한 화염산 아래에 있는 소조불상이다.

없이 많은 승려들이 그 여행기를 빌려 보고, 때로는 베껴 쓰기도 했다. 결국 혜초의 여행기는 요점만 정리한 것일 뿐인데도 세상에 퍼져 나갔다.

733년, 혜초는 정월 초하루부터 장안의 천복사에 머물며 금강지와 여러 가지 불교 경전을 연구하기 시작했다. 천축국 글로 된 경전을 한문으로 번역하는 것도 혜초가 해야 될 중요한 일이었다.

혜초는 금강지와 함께 『대승유가 금강성해 만수실리 천비천발 대교왕경』이라는 밀교 경전을 8년 동안 연구했다. 금강지는 한문으로 번역을 하고, 혜초가 글을 정리했다. 740년(효성왕 5)부터 이 경전을 한문으로 옮기는 일에 들어갔으나, 이듬해에 금강지 스님의 죽음으로 그만두게 되었다.

금강지가 세상을 떠난 뒤에도 혜초는 신라로 돌아가지 못했다. 금강지의 제자인 불공에게서 『대승유가 금강성해 만수실리 천비천발 대교왕경』 경전의 강의를 받고, 774년 가을부터는 불공과 함께 대흥선사라는 절에서 다시 역경을 시작하였다. 혜초와 불공의 연구로 완성된 밀교는 중국 불교의 새로운 종파가 되어 멀리 퍼져 나갔다.

"해동국에서 오신 혜초 스님은 부처님 말씀을 너무도 쉽고 자세하게 설명해 주신다니까."

"그분 설법을 듣고 있으면 마치 부처님을 마주하고 말씀을 듣고 있는 것만 같아."

"그러기에 저 먼 지방에서도 혜초 스님의 설법을 듣기 위해 구름 떼처럼 몰려오는 것 아닌가."

어느새 혜초의 이름은 당나라 안에 널리 퍼져 있었다.

불공은 세상을 떠날 즈음에 유언장 한 장을 남겼다.

'내게는 오늘날까지 30여 년 동안 밀교의 비법을 전해 준 제자가 제법 많다. 그 중에서도 밀교의 경전을 완전히 익혀서 일가를 이룬 제자가 여덟 명 있었으나, 지금은 여섯 명만 남았다. 그들이 누구냐 하면 금각사의 함광, 신라의 혜초, 청룡사의 혜과, 숭복사의 혜랑, 보수사의 원교와 각초다. 밀교를 배우는 사람들 중에서 의문이 있거나 궁금한 점이 있다고 하면 그대들이 계시해서 법등(法燈)이 끊이지 않도록 할 것이요, 그로써 나의 법은(法恩)을 갚을지어다.'

불공은 그 유언장에 제자 이름을 적어 놓았는데, 금각사의 함광 다음에 신라의 혜초 이름을 적었던 것이다.

불공의 죽음 이후, 혜초는 중국 밀교의 정통을 이어받았다. 따라서 중국 밀교의 법맥(法脈)이 금강지, 불공, 혜초로 이어진 것이다.

불공이 세상을 뜬 뒤에 혜초는 동문, 제자들과 함께 당나라 황제에게 표문을 올렸다.

'스승의 장례에 대해 황제께서 베풀어 주신 하사에 깊은 감사의 뜻을 표하며, 또 스승이 세웠던 대흥선사를 존속시켜 주시길 간청합니다.'

그 뒤에 혜초는 수년 동안 장안에 머물렀다. 당나라 황제는 오랫동안 비가 내리지 않자, 혜초에게 기우제를 지내달라는 부탁을 했다. 혜초는 그 명을 받아 기우제를 정성껏 지냈다. 그러자 놀라운 일이 일어났다.

"비다! 비가 온다!"
"명주실 같은 비가 내린다!"

사람들은 기우제가 끝나기 바쁘게 쏟아지는 비를 보고, 혜초의 신통력에 모두 감격했다.

혜초는 나이가 들수록 고국으로 돌아가고 싶어했다.

"여우도 죽을 때가 되면 태어난 곳으로 고개를 돌린다고 했는데 그리운 고국, 신라로 왜 돌아가지 못하는가. 당나라로 공부를 하러 온 것은 부처님 말씀을 많이 배우고 익힌 뒤에 신라로 돌아가 배운 것을 널리 퍼뜨리려 했던 것인데, 아직도 돌아가지 못하고 있으니 답답하기 그지없구나."

혜초는 고향이 그리울 때면 혼자 탄식하고는 했다. 신라에서도 혜초가 그만 돌아오기를 바라고 있었다.

"신라로 돌아가시면 훌륭한 대접과 존경을 받을 수 있을 것입니다. 하나 스님께서는 비록 신라에서 태어나셨지만, 이미 부처님의 제자가 되어 온 세상에 광명을 퍼뜨려야 할 중요한 분이 되셨습니다. 아직도 스님께서 당나라에서 할 일이 태산 같으니, 제발 떠나지 말고 머물러 주십시오."

신라로 돌아갈 뜻을 비치자 많은 제자와 승려들이 혜초를 말렸다. 결국 혜초는 좀 더 당나라에 머물기로 결정했다.

혜초가 당나라에서 밀교를 퍼뜨리고 있

하늘에서 본 천산산맥(톈샨산맥)
중국 신장 웨이우얼 자치구에서 키르기스스탄에 걸쳐 동서로 뻗은 산맥. 해발 고도 3,600 ~ 4,000m, 길이 2,000km, 너비 400km, 최고봉은 성리봉 (7,439m, 포베디산이라고도 함).
타림 분지와 중가리아 분지를 갈라 놓는 산맥이다. 그 밖에 한텡그리산(6,995m) 등 높은 봉우리가 있으며, 정상 부근에는 빙하가 쌓여 있다.

을 때, 신라 땅에서도 밀교가 널리 퍼지고 있었다. 따라서 굳이 혜초가 신라로 돌아가야만 할 이유가 없었다. 오히려 경전 번역을 통해 불교의 기반을 튼튼히 하는 것이 무엇보다 중요하다고 판단했다.

혜초는 수년 동안 장안에 머물러 있다가 780년에 중국의 서북쪽에 있는 오대산(우타이산)으로 들어갔다. 그 산에는 불공이 세운 금각사가 있었고, 그 절에는 불공이 혜초와 함께 여섯 제자로 인정했던 함광이 머물고 있었다.

그러나 혜초가 오대산에 들어갔을 때에는 여든 살이 넘은 나이였다.

 혜초는 오대산 금각사에 머물며 인도 글로 되어 있는 경전을 한문으로 번역하는 일을 하는 한편, 많은 제자들을 길러 냈다. 혜초는 금강지의 제자가 된 뒤, 54년이라는 세월에 걸쳐 밀교 전파에 공헌했던 것이다.

 "신라로 돌아가야 하는데……. 더 늦기 전에 고국으로 돌아가야 하는데……."

 혜초는 언젠가는 고국으로 돌아가야 한다는 생각을 한시도 버린 적이 없었다. 그러나 고국으로 돌아가려는 꿈을 끝내 이루지 못한 채, 787년에 오대산에서 조용히 눈을 감고 말았다.

 혜초가 천축국을 돌며 기록한 내용은 여러 사람의 손을 거쳐 베껴졌고, 여러 지방으로 퍼져 나가 돈황까지 전해졌다. 사람들은 혜초의 책에 『왕오천축국전』이라고 이름을 붙였다. 오천축국, 즉 인도의 각 지방을 돌아다닌 여행기라는 뜻이다.

　30년이 지난 후, 혜림이라는 당나라 승려는 혜초의 책 내용 중 어려운 글이나 문구에 대해 설명을 덧붙여 『일체경음의(一切經音義)』라는 책을 펴냈다.

　혜초가 세상을 뜨고 백 년이 지난 무렵, 중국에서는 한때 불교를 심하게 탄압했다. 수많은 절이 헐리고, 절의 재산인 토지가 나라에 몰수되었으며, 많은 승려들이 탄압을 피해 승복을 벗었다. 결국 중국 땅에서 불교는 나날이 쇠퇴하기 시작했고, 『왕오천축국전』도 더 이상 읽히지 않았다. 그 책을 베끼는 사람도 없었다. 혜초라는 이름도 사람들 기억에서 멀어져 갔다.

　『삼국사기』, 『삼국유사』에도 혜초의 이야기는 단 한 줄도 나오지 않는다. 우리 나라 고승들의 전기를 적은 『해동고승전』에도 혜초의 이름은 등장하지 않는다.

　그렇게 백여 년 동안 혜초는 사람들 기억에서 사라지면서, 역사 속으로 자취를 감추고 말았다. 그러나 1908년,

천산산맥의 눈 녹은 물
천산산맥에서 끌어 온 눈 녹은 물은 오아이스 사람들에게 꼭 필요한 생명의 젖줄이다.

프랑스 학자인 폴 펠리오가 돈황의 한 석실에서 필사본을 찾아냈다. 돈황에는 돌산을 파내어 절을 꾸미고 부처님을 모셔 놓은 석굴이 있는데, 그 석굴은 몹시 크고 방도 많아서 '천불동(千佛洞)'이라고 불렸다. 옛 사람들은 그 굴에 부처님을 돌로 새겨 모시고, 벽에 그림을 그려 놓고서 불공을 드렸던 것이다. 세월이 흐르면서 방이 새로 생기거나 있던 방이 없어지기도 했다. 그런 데다 8백 년 전에 어떤 사람이 고서를 잔뜩 모아다가 그 석굴의 한 방에 쌓고, 입구를 흙으로 막아 버렸다. 그렇게 되자 그곳에 방이 있었는지도 모르게 되었고, 그 방 속에 책이 잔뜩 쌓여 있다는 것을 아는 사람도 없었다. 그러다가 1900년, 그 절의 주지인 온왕도사라는 승려가 절을 수리하다가 우연히 그 방을 발견했던 것이다.

"분명히 소중한 자료들이 많을 것이다!"

그러한 사실을 알게 된 펠리오 박사는 1908년에 돈황으로 달려가, 온왕 도사를 설득해서 여러 권의 책을 헐값에 샀다. 그리고 그 책들을 들고 프랑스로 돌아갔다.

혜초의 『왕오천축국전』도 많은 책들 속에 끼어 있었다.

"이 책이 무슨 책일까? 제목이 없고 책을 지은 사람도 없으니 무슨 책인지 알 수가 없구나."

펠리오 박사가 찾아낸 두루마리는 앞부분과 끝부분이 떨어져 나가고 없었다. 제목과 저자명도 없이 겨우 230줄에 각 줄에 30자 내외, 총 6천여 글자가 적혀 있을 뿐이었다.

"종이를 검사해 보고 붓으로 적은 글씨들을 조사해 보면, 언제의 기록인지 알 수 있을 것이다."

펠리오 박사는 세밀하게 두루마리를 조사했고, 결국은 천 년 전 당나라 때에 기록한 것임을 알아냈다. 혜초가 『왕오천축국전』을 쓴 지 1천2백 년이 지나서야 빛을 보았던 것이다.

"당나라 승려가 인도를 여행하면서 기록한 것이니, 참으로 소중한 세계적 유물을 찾아냈구나!"

펠리오 박사는 당나라 승려인 혜림이 지은 『일체경음의』와 두루마리의 글을 비교해 보고, 여러 가지 내용이 똑같다는 것도 밝혀냈다.

"『왕오천축국전』은 혜초라는 승려가 지은 것인데, 혜초가 어느 나라 국적을 가진 승려였을까."

펠리오 박사는 물론 그 누구도 혜초라는 이름을 몰랐던 것이다. 처음에는 혜초를 중국인 승려로 알았다. 그러나 중국과 일본 등 여러 나라 학자들이 연구한 결과, 혜초가 신라 사람이라는 것이 밝혀졌다. 그리고 중국인 학자인 나옥진의 검토와 교감을 거쳐 그 내용이 세상에 알려졌고, 1915년에 일본인 학자인 다카구스의 노력에 의해 당나라에서 밀교의 고승으로 활약했던 혜초의 생애가 밝혀지게 되었다.

펠리오가 발견한 사본은 앞뒤가 떨어져 나가 불완전한데다, 3권이던 원래 저서를 요약한 것에 불과했다. 그러므로 인도나 중앙아시아의 각 지방에 관한 서술이 너무 간단하고, 지명이나 국명 또는 왕의 이름이 자세히 나오지 않으며, 언어·풍습 및 제도 등에 대해서도 몹시 간략하게 서술되어 있다. 그러나 『왕오천축국전』은 다른 각도에서 세계적인 큰 가치를 지녔다. 8세기의 인도와 중앙아시아에 관한 기록으로는 유일하기 때문이다.

"혜초가 지은 『왕오천축국전』은 세계의 사람들에게 이를 데 없이 귀중한 자료가 될 것이다!"

인도와 중앙아시아 지방의 역사와 지리·정치·풍습·등의 천 년 전 모습을 『왕오천축국전』만큼 자세하게 기록한 책은 없었다. 그 『왕오천축국전』은 지금 프랑스의 파리 국립 도서관에 보관되어 있다.

혜초는 서북 인도, 아프가니스탄, 러시아령 투르케스탄 및 중국령 투르케스탄에 대해서도 다른 기록에서는 찾아

사마르칸트의 대상과 낙타
사마르칸트는 우즈베키스탄 중동부에 위치해 있다. 중앙아시아 최고 도시의 하나로 고대 그리스 시대부터 마라칸다로 알려졌고, 중국에서는 남북조 시대부터 수당 시대에 걸쳐 강국(康國)이라고 불렀다. 1220년에 칭기즈칸에 의해 패망하기까지는 실크 로드(비단길)의 교역 기지로 번창하였다.

볼 수 없는 진기한 기록을 남겼다. 후대 사람들은 혜초의 기록을 통해, 소륵 지방에 원주민을 위한 불사 이외에 한족 신자를 위하여 건립된 사원이 여러 개 있었다는 사실도 알게 되었다. 뿐만 아니라 중앙아시아 제국의 명칭을 중국식과 원지방 명칭, 두 가지로 기록했기 때문에 원래의 명칭을 이해하는 데도 큰 도움을 주고 있다.

혜초의 『왕오천축국전』은 당시로서는 상상하기도 힘들

정도로 생소했던 나라들의 모습이 상세하게 담겨 있으며, 현대인들에게 8세기의 역사를 생생하게 증언해 주는, 세계에서 가장 오래된 여행 기록으로 남게 되었다. 혜초는 문명 교류의 개척자이자 동양 밀교의 발전에 지대한 영향력을 미쳤던, 한국 최초의 세계인이었다.

'역사를 바꾼 인물 · 인물을 키운 역사' 기획 의도

성장기 어린이부터 청소년까지 역사는 떼려야 뗄 수가 없는 공부이다. 다른 나라 역사보다 우리 나라 역사를 더 알아야 한다는 것도 분명한 사실이다. 역사를 이끌고 가는 것은 인물이다. 역사를 이로운 길로 이끈 인물이건 나쁜 길로 이끈 인물이건 역사에서 인물이란 빼놓을 수 없는 존재다. 한 인물로 인해 역사의 흐름이 바뀌는 경우도 많고, 역사로 인해 한 인물이 탄생하는 경우도 많다. 그만큼 역사를 제대로 알려면 그 시대의 중요한 인물을 알아야 하고, 인물을 통해 역사를 읽을 수 있는 안목을 키워야 한다.

인물 이야기는 이야기 속에 그 사람 삶의 모습이 진솔하게 담겨 있어야 할 뿐만 아니라, 인간으로서의 고뇌와 절망을 극복해 나가는 모습도 모두 함께 담겨 있어야 한다. 또 그 사람의 행동은 당시 사회 상황에서 규정되기 때문에 당시의 상황 속에서 그 인물을 관찰할 수 있어야 한다.

'역사를 바꾼 인물 · 인물을 키운 역사'는 어린이는 물론이고 청소년, 그리고 일반인들까지 부담 없이 읽고 폭넓게 공감할 수 있는 내용으로 엮는 것을 최우선 방향으로 잡았다.

인물 이야기는 백과사전이 아니다. 한 사람을 역사 속에서 바라보는 것이다. 제대로 쓰인 인물 이야기가 아니면 의미가 없다. 시대와 장소를 초월해서 하늘이 내린 인물이나 신적인 존재로 그려진 그런 인물 이야기가 아니라, 인간적인 냄새가 물씬 풍기는, 제대로 쓰인 인물 이야기가 필요할 때다.

또한 역사는 결코 지난날의 이야기가 아니다. 현재는 물론이고 미래에도 언제든지 새롭게 발견되고 새롭게 해석될 가능성이 많다. 특히 우리의 역사는 오랜 세월 동안 왜곡되고 사라진 부분이 많은 만큼 연구할 부분이 많을 수밖에 없다.

또한 우리 역사의 국통을 아는 것은 단순히 과거를 아는 것이 아니다. 우리 민족이 섬겨 왔던 조물주의 창조 섭리, 인간이 어떻게 태어나고 어떻게 봄·여름·가을·겨울 살아왔느냐 하는 삶의 과정과 역사의 깊은 섭리를 아는 것이다.

그러자면 여러 가지 학설과 주장을 두루 듣고 연구해서 진실에 가까운 역사를 찾아내는 것이 무엇보다 중요하다. 또한 한 인물을 제대로 이해하려면 무엇보다 그 시대의 역사를 제대로 이해해야 하고, 역사를 이해하려면 그 시대를 움직인 인물을 제대로 이해하려는 노력이 필요하다.

 **동굴 속의 코끼리 나라**
-혜초-

초판 1쇄 발행	2010년 01월 29일
글	역사·인물 편찬 위원회
펴낸이	이영애
디자인	장원석·김재영
책임 교열	마경호
표지 그림	박경민
사진협조	이수용 / 경상북도청 / 경상남도청 / 충청남도청
충청북도청 / 경주시청 / 위키백과 / 오픈애즈
펴낸곳	역사디딤돌
출판등록	2009년 3월 23일 제312-2009-000020
주소	서울특별시 양천구 목2동 504-17번지
전화	(070)7690-2292
팩스	(02)6280-2292
E-mail	123pen@naver.com
ISBN	978-89-93930-11-5
978-89-962557-9-6(세트)

잘못된 책은 서점에서 교환해 드립니다. 저저와 협약에 의해 인지는 생략합니다.
신저작권법에 의하여 보호를 받는 저작물이므로 무단 전재와 복제를 금합니다.